実践的ヴェーダーンタ ［改訂版］

スワーミー・ヴィヴェーカーナンダ

日本ヴェーダーンタ協会

スワーミー・ヴィヴェーカーナンダ

目次

出版社の言葉

人間の文明の歴史を見ると、文明とは、人間生活のすべての面に渡り数多《あまた》の疑問を持ち、それを問い、それに対して満足のゆく解を得るというプロセスを通して進歩するものであると分かる。中でも、必要不可欠でもっとも偉大な疑問は「私は誰か」というものである。あらゆる宗教・哲学のうちで、この疑問を呈し、この疑問を最重要と位置付け、この疑問に対し最適な解、至高の真理と結びついた解を見いだしているのがヴェーダーンタである。

近代におけるヴェーダーンタのもっとも偉大な提唱者スワーミー・ヴィヴェーカーナンダは、主に西洋で行った数々の講演において、われわれの真我すなわちアートマンの性質について論じている。（アートマンとは個人のレベルの純粋意識を指す言葉で、同じ純粋意識がマクロレベルではブラフマンと呼ばれる）その講演の中からヴェーダーンタに関するものを中心にまとめた本として『ギャーナ・ヨーガ』がある。本書『実践的ヴェーダーンタ』は、ヴィヴェーカーナンダが一八九六年にロンドンで行ったヴェーダーンタに関する講演の中から、新たに四編を書籍にまとめたものである。これらの講演はヴェーダーンタの実践的な面を論じたもので、この高遠な哲学を実践してわれわれの内なる自己の真の性質を悟る方法、すなわち人生の最高のゴールに達する道を説いている。

本書の中でヴィヴェーカーナンダは次の大胆な宣言をしている。「礼拝すべき唯一の神は、人間の肉体の中にある人間の魂だ。もちろんすべての動物も神を祭る寺院だが、人間が最高の寺院であり、いわば寺院の中のタージ・マハルである。そこで礼拝することができないのなら、他の寺院に行ったところで何の得にもならないだろう」

英語の原書『Practical Vedanta』の翻訳にご尽力くださった皆様、出版までのさまざまな段階でご協力くださった皆様に心から感謝を申し上げる。

本書が、ヴェーダーンタを真剣に学ぶ人にとって、そしてすべての信仰の求道者にとって、興味深く有益な一冊となることを願っている。

日本ヴェーダーンタ協会

発行者のことば

このたび、本書『実践的ヴェーダーンタ』を全面的に改訂し、深い思索の必要な深遠なテーマをより読みやすく分かりやすく論じるようにしました。

訳文を改訂いただいた明治大学名誉教授、山口泰司先生に深謝いたします。山口先生は優れた学者、教育・研究指導者であられるだけでなく、インド哲学書の英日翻訳においても豊富な経験をお持ちです。また、改訂作業については日本ヴェーダーンタ協会の信者さんたちにサポートを頂きました。心よりお礼を申し上げます。

改訂版が読者の期待に応える、良き書となることを祈念します。

日本ヴェーダーンタ協会

第一部

（ロンドン講演　一八九六年一一月一〇日）

この度、ヴェーダーンタ哲学の実践的な見解について、何か話をするよう依頼を受けました。すでに述べたとおり、たしかに理論はとても重要なのですが、ではその理論は、どのように実行したらよいのでしょう？　それがまったく実用に適さないものであれば、どんな理論も頭の体操より他には何の価値もないものになってしまいます。ですからヴェーダーンタは、一つの宗教としては徹底して実用に耐《た》えるものであることを必要とするのです。生活のあらゆる場面で実行できるものでなければなりません。それだけではなく、宗教と実生活の間にある架空《かくう》の区別も、消え去らなければいけないのです。ヴェーダーンタは、一体性ということを、つまりは、「全体にわたる一つの生命」ということを説いているからです。この宗教の理想が、生活全般にわたって私たちのあらゆる思考に入りこみ、ますます実践的なものになっていくことが必要なのです。

これから実践的側面について、一歩一歩話を進めていきたいと思うのですが、今回の講演は基礎的なシリーズですから、まずは理論に焦点《しょうてん》を当てて、理論というものがどのように構築されたのか、またそれがどのように森の洞窟《どうくつ》からめわただしい都市社会へと広まっていったのか、これを理解する必要があります。そこから見出されるのは、これらの思想の多くが森に隠棲《いんせい》した人びとによってではなく、最も忙しい生活を送っていたはずの、国家を統治する君主《くんしゅ》たちによって見いだされたのだ、という独特な特徴なのです。

世間から隠棲していたと思われる賢者のウッダーラカ・アールニには、シヴェータケートゥという息子がいました。森で育った息子は、ある日パンチャーラスという町に行って、プラヴァーハナ・ジャイヴァリ王の宮廷を訪れました。王はシヴェータケートゥに「生物が死ぬとき、どのようにこの世を去るか知っているか？」とたずねました。

「いいえ、王様」

「では、どのように、こちらに戻ってくるか分るか？」

「いいえ、分りません」

「祭司の道と、神の道については知っているか?」

「いいえ」

さらに王は別の質問をしたのですが、シヴェータケートゥには答えることができませんでした。「そなたは何も知らないのだな」と王に言われた彼は、父親のもとに戻って報告しました。しかし父親自身も、それらの質問には答えられないことを認めたのです。回答を拒んだわけでも、息子に教えるのを避けていたわけでもないのですが、ただそれらについては何も知らなかったのです。

そこで父親はこの秘密について教えてもらおうと、自ら王を訪ねました。王は「これらは従来、王たちの間だけで知られてきたことで、祭司たちが全く知ることはなかったのだ」と答えました。しかし、知りたいと望むアールニに、王は教えることにしたのです。

数々のウパニシャドを読むと、ヴェーダーンタ哲学は、森の中での瞑想だけから生まれたのではなく、まさにその最良の部分は、もっとも忙しい生活を送る知識人たちによって考えだされて纏《まと》められたことがわかります。何百万人もの国民を統治する絶対君主ほど忙しい人間を思いつくことはできませんが、彼らの中にはとても深い思想家もいたのです。

これらの事柄すべては、この哲学が極めて実用的な性格の哲学であることを示しています。そして、その後に続く聖典『バガヴァッド・ギーター』は、おそらく皆さんも既にお読みのことでしょうが、ヴェーダーンタ哲学についての最もすぐれた註解書《ちゅうかいしょ》となっているのです。この聖典で興味をそそるのは、物語の舞台が戦場であって、クリシュナ神がこの哲学を王子アルジュナに戦場で説いていることです。『ギーター』の全ページにわたって際立っているのは、徹底した活動の教説であって、しかもその核心にあるのは永遠の静けさなのです。ヴェーダーンタが密かに目指しているものも正にここにあるのです。

「不動性（永遠の静けさ）」という言葉を、文字通り「受動性」という意味にとらえてしまうと、もちろんこの哲学の目指すところとはなり得ません。もしそうであるなら、私たちを取り囲んでいる壁こそ不動性という点ではもっとも哲学的であって、知能もまた高いということになるでしょう。そして、土塊《つちくれ》や樹木の切り株も不動なのですから、この世で最も優れた聖者だということになるでしょう。たとえ不動性が、ただの情熱と結びついたからといって、活動性になるわけではありません。ヴェーダーンタが目ざす真の活動性とは、永遠の静けさと、つまりは何が起きても決して乱されることのないような、そういう精神のバランスと結びつくことだからです。そして人は誰も、これこそが行いにおいても最高の姿勢であることを、自らの人生体験を通して知っているのです。

行いに対して普通に感じる情熱が持てない時に、どうして仕事などできるでしょうか、と私はよく質問されてきました。私も数年前はそんなふうに思っていたのですが、年をとって経験を重ねるにつれて、それが事実ではないことに気づいたのです。つまり、情熱がない方がよく働けるのです。冷静でいるほうが人は向上し、仕事の量をこなすこともできるのです。感情のままに行動すると、夥《おびただ》しく精力を浪費し、神経を狂わせ、心をかき乱して、ほとんど仕事をこなすことができないのです。仕事に向けられるべきエネルギーがただの感情に費やされて、まったくの無駄になってしまうからです。心の全エネルギーを立派な仕事に傾注《けいちゅう》することができるのは、心がとても静かで落ち着いているときだけなのです。

世界で偉大な業績を残した人たちの伝記を読むと、彼らがすばらしく冷静な人物であったことがわかります。彼らのバランスを狂わせたりするものは、何もなかったのです。目の前のことに腹を立てる人にはまともに仕事をこなすができず、自分の怒りに対処できない人にも多くの仕事を成しとげることはできません。怒りや憎悪をはじめ、その他どんな感情をも抑えられない人というのは、自らを粉々に砕いているだけで、仕事をこなすことはおろか何事も効果的に行うことができないのです。冷静で、寛容で、平静で、バランスのとれた心によって、はじめて最大量の仕事が達成されるのです。

ヴェーダーンタは、最高の理想を説くのですが、最高の理想というのはどんなときにも、いわゆる現実や実際的なものより遥《はる》か前方にあるのです。人間性には二つの傾向があって、一つは、人生と理想を調和させようとする傾向で、もう一つは人生を理想の域にまで高めようとする傾向です。これを理解することはきわめて重要です。前者の傾向は私たちの生活にとって、抵抗しがたい誘惑となっているからです。私は、自分にはある種の仕事しかできないと思っているのですが、その思いの大半はおそらく悪しき思いなのです。その思いの大部分の背後には、おそらく、怒りや、貪欲や、利己的といった情熱が、原動力として働いているはずだからです。

誰かがやってきてある理想を説き、そのためにはまずもって利己心を捨て、自分の楽しみをあきらめるべきだと言ったら、私は「そんなことは不可能だ」と思うでしょう。しかし、利己心と両立するような理想を提示されたら、私はすぐさまそれに喜んで跳びつくことでしょう。それこそが、私にとっての最高の理想だからです。「正統的」orthodox という言葉も、「実用的（地に足がついて、実行可能な）」practical という言葉も、さまざまな形に操作されてきました。「私の見解こそ正統的な見解であって、君の見解は異端的《いたんてき》な見解なのだ」というように、実用性という言葉も、自分に都合のいいように使われてきたのです。そこでは自分が実用的だと考える事柄が、自分にとってはこの世で唯一役に立つのです。店の店主であれば、小売業こそがこの世でただ一つの実用的な営みだと考えるでしょう。泥棒にとっては、窃盗こそがもっとも実用的で効率的な稼ぎ方で、その他は役に立たないのです。このことから、人は誰も自分の好きなことや、できることに対して実用的という言葉を使うのだということに気づくでしょう。

そこで、私が皆さんに理解していただきたいのは、ヴェーダーンタが説くのは徹底《てってい》して実用的な哲学ではあっても、あくまでもそれは（通俗的な意味での実用性のことではなく）常に最高の理想という意味での実用的な哲学なのだ、ということなのです。ヴェーダーンタは、それがどんなに高邁《こうまい》な理想ではあっても、この世で成り立ちえないような理想を説いているわけではなく、どこまでも一つの理想とするに値するような実践哲学を説いているのです。この理想を一言で表すならば「汝はそれなり」ということに、つまりは「あなたは神である」ということになるのです。これがヴェーダーンタの本質です。この理想をこまかく点検して、よくよく考えてみれば、人間の魂が純粋無垢《むく》な全知の存在であることがおのずと分かるはずで、魂に関するかぎり誕生とか死といった迷信《めいしん》が、完全に無意味であることにも気づくはずです。

魂はかつて生まれたことも、やがて死ぬことも決してないからで、また、私たちはみんな死ぬのだという考えや、死ぬのが怖いといった考えも、ただの迷信に過ぎないことが分かるのです。

さらに、自分にはこの仕事はできてもあの仕事はできない、といった考えもすべて根も葉もない迷信にすぎないことも分かるのです。私たちには、どんなことでもやってのけられる力があるからです。

ヴェーダーンタでは、まず自分を信じなさいと説いています。世界のいくつかの宗教では、自分以外の「人格神」を信じない者のことを無神論者と呼んでいますが、これに対してヴェーダーンタでは、自分を信じない者のことを無神論者と言い、自分の魂の栄光を信じないことを無神論と呼ぶのです。しかし多くの人にとって、これは明らかにひどい考えであって、たいていの人はそんな理想に達することなど絶対に不可能だと考えます。ところが、ヴェーダーンタでは、この理想は誰にでも実現できるものだということを強調するのです。老若男女の違いや人種のちがいなど、この理想を実現するのに妨げとなるようなものは何もありません。なぜならヴェーダーンタでは、その理想はあえて達成されるまでもなく、すでに実現されて立派に私たちの内部にあることを示しているからです。

宇宙のあらゆる力は、すでに私たちのものなのです。自らの手で目を蔽《おお》っておいて、暗い暗いと泣き叫んでいるのは私たち自身なのです。周りには闇などないことを知ることです。蔽《おお》っている手をはなせば、そこには初めから光があるからです。闇など存在したことはなく、弱さもまた同様です。愚かな人間が、自分は弱い自分は不純だと言って泣きたてているのです。

このようにヴェーダーンタは、自らの理想が地に足の着いた実践的な理想であるばかりか、どんなときにも実践的な理想であり続けてきたことを力説しているのです。さらには、正にこのような「最高の理想」「真の実在」こそが、私たち自身の本質なのだとも説いているのです。それ以外の目に入るものは、すべて誤った偽《いつわ》りなのです。「私は、死をまぬかれない弱い人間なのだ」と言った途端に、人は真実ではないことを語り、自らに嘘をつき、自分はみじめで不幸で哀れな存在だと自己催眠をかけていることになるのです。

ヴェーダーンタでは、罪を認めるのではなく、ただ誤《あやま》りを認めるだけなのです。

ヴェーダーンタによれば、最大の誤りは、自分はか弱い罪人で、哀れな人間なのだと言うことで、自分には力がない為にあれもこれもできないのだと言うことなのです。このように考えるたびに、人は言わば自分を縛りづけている鎖の留め輪の数を増やし、自らの魂に催眠《さいみん》をかける層を加えているのです。自分はか弱い人間だと考える者は、誰も間違っているのであり、自分は不純だと考える者もみんな間違っているのです。彼らはそう考えることで、悪い考えをこの世に吹き込んでいるのです。

常に心にとどめておくべきことは、ヴェーダーンタには私たちが受け入れてきたこの催眠《さいみん》にかけられたような間違った暮らしと、最高の理想の二つを互いに両立させようとする試みなど皆無だということであり、こんな間違った暮らしなどさっさと消えてなくならねばならず、その根底で変わることなく常に存在している真の暮らしこそが、自らを顕現《けんげん》して輝きわたらねばならない、ということなのです。

人は、より純粋になるのではありません。純粋さという、隠れていた真の実在がどれだけ一層大きなものとして顕現してくるかが問題なのです。ヴェールが取り去られたら、魂本来の純粋さがあらわれ始めるのです。無限の純粋さも自由も、愛も力も、みんなすでに私たち自身のものであるからです。

またヴェーダーンタでは、この理想は深い森や洞窟《どうくつ》の中だけで実現できるものではなく、人生のありとあらゆる状況のうちにいる人間によっても、同じように実現できるものだとも説くのです。実際、これらの真理を見いだしたのは、洞窟や森の生活者でも、一般の仕事に就いた人びとでもありません。今日のように、国王が、むしろただのお飾りとして君臨するような時代ではなく、かえって絶対君主として君臨する時代に、みずから玉座について軍隊を指揮し、何百万人もの国民の福祉に心を砕《くだ》いたといった、誰もがもっとも忙しいと信じるに足りる人びとによって見いだされたのです。彼らは、そうした状況にありながら、これらすべての思想を考え抜いて実現するだけの時間を作り、更にそれを人類に説いたのです。

彼らに比べるとゆとりのある暮らしを送っている私たちにとって、その思想は果たしてどれだけ実践的で一層役立つものとして活かされているでしょうか。比較的時間もあって、なすべきことも殆んどないといった状況で、私たちがこの理想を実現できずにいるというのは情けないことです。私たちに求められているのは、古代の絶対君主に求められていたことに比べたら、何もないといってもいい程です。クルクシェートラの戦場で巨大な軍隊に命令を下す、王子アルジュナに必要だったことに比べたら、私たちが必要としていることなどゼロも同然です。それなのに、彼は戦場の騒動と混乱のさなかで時間を見つけ、もっとも崇高《すうこう》な哲学を語り、しかもそれを自らの人生で実践したのです。比較的自由で気楽で快適な現在の暮らしの中で、私たちにも同じことができないはずはありません。

私たちが、時間を本気で活用したいと思えば、時間は殆んど誰にとっても思っている以上にあるものです。私たちには時間はたっぷりあるのですから、その気になればこの人生で、理想は二百個も達成できるはずです。だからと言って、その理想をお手軽なレヴェルにまで引き下げてはなりません。この世には、人の姿をとってやってきては、私たちが間違っていても仕方がなかったのですよと、うまく取り入っては私たちの愚かな要望や願望にも特別な言い訳まで用意してくれる者がいるものです。すると私たちは、彼らの説く理想こそ、自分たちに必要な唯一の理想なのだと思ってしまう始末なのです。でも、そんなものが真実のはずはありません。ヴェーダーンタでは、そんなことはいっさい説いていないのです。現実の方が理想の側に折り合いをつけるのであり、現在の暮らしの方を永遠の暮らしに一致させることが必要だからです。

この、現実と理想の一体性こそが、ヴェーダーンタの中心理念であることを忘れてはなりません。なにごとにも二つ存在することはなく、二つの生命も存在しなければ、二つの世界を目指した、二種類の別々の暮らしも存在しないのです。『ヴェーダ聖典』は、初めは複数の天などについて語っているのですが、しかし後になって、哲学のもっとも高い理想を語るときになると、それらを一掃しているのです。ただ一つの生命、ただ一つの世界、ただ一つの存在しか存在しないからです。すべてがその一者であり、その一つの存在であって、違いは程度の違いだけで種類の違いではありません。

私たちの生命にしても、種類に違いがあるわけではないのです。動物は人間とは別の存在で、彼らは人間の食料として利用されるために神に創造されたのだといった考えを、ヴェーダーンタは完全に否定しているのです。

優しい気持ちから、動物実験には反対の社会を作ろうとしてきた人たちもいないわけではありません。活動のメンバーに「友よ、食用のためなら動物を殺してもまったく構わないというのに、科学の実験となるとわずかな動物を殺すのも絶対反対だというのは、一体どうしてなのですか」と尋ねたところ、何と「動物の生体解剖ほど残酷なことはありませんが、動物は食料のために人間に与えられてきたからです」というのが、その答えでした。一体性ということには、あらゆる動物が含まれているのです。人間の生命が不滅なら、動物の生命も不滅のはずです。生命の程度に違いはあっても、生命の種類に違いがあるわけではないからです。アメーバも私も同じです。ただ程度が違うだけなのです。最高の生命から見たら、これらの違いなどみんな消えてしまいます。

草と小さな木にも違いは沢山あるでしょうが、非常に高い所まで昇って見れば、草も大木もほとんど同じように見えるはずです。同様に、最高の理想からすれば、最低の動物も最高の人間もみんな同じようなものなのです。もし神がいると信じれば、動物も最高の生き物もみんな同じになってしまいます。人間という子供には、えこひいきしておきながら、愚かな動物という子供には残酷《ざんこく》だという神がいるとしたら、そんな神は悪霊よりもっとひどい神です。そんな神を崇拝するくらいなら、いっそ百回でも飢え死にした方がまだましです。私はそんな神とは生涯戦います。生命に違いがあるわけではないのですから、違うと言うのは、無責任で、無慈悲で、道理を知らない人間なのです。

実践的という言葉が、ご都合主義的な間違った意味で使われることがあります。

私自身は、非常に厳格《げんかく》なベジタリアンとは言えないでしょうが、その理想は心得ているつもりです。肉を食べるのは間違った行為であることは分っています。状況次第では、肉を食べなくてはいけない場合もあるでしょうが、それが残酷なことだということだけは理解しているつもりです。しかし、理想を実際の手軽なレヴェルにまで引き下げておいて、自分の行いの弱さに言い訳をしてはなりません。あらゆる動物は仲間なのですから、肉を食べることはもとより、いかなる存在を傷つけることも理想に反しています。

あらゆる生き物を自分の仲間だと思えるならば、それは人類愛を超えて、すべての魂に対する同胞愛に向かって、一歩前進できたことになります。でもそれは少しも難しいことではありません。ただ、実際的なことは諦めてより高い理想に迫れと、多くの人に説くのですから、一般的にはあまり受け入れられないかもしれません。しかし、彼らの現在の行いと折り合いのつくような理論がもたらされたならば、彼らとても「うん、その理想は、どう見ても実践的だ」と思うはずです。

人間の本性には、一歩でも進むのは嫌だという根深い保守的な傾向があります。そんな一例として、私は雪の中で凍《こお》っていく人の話を思いだすのです。みんな、そのまま眠ってしまいたいと言って、雪から引き上げようとしても「ここで眠らせてくれ。雪の中で眠るのは、とても気持ちがいいのだ」と言っては、眠りながら死んでいくのだといいます。

人間の本性も同じです。人は誰も、一生同じようなことをしているのです。足元からだんだん上に向かって凍っていくというのに、まだそこで眠っていたいと考えているのです。だからこそ、理想に向かって戦うべきなのです。もし、理想を現在の実践的で手軽なレヴェルにまで引き下げて、最高の理想を伝えることのないような宗教を説く者がいても、そんな人の話に耳を傾けてはいけません。そんな宗教は、私には実践的であるどころか何の役にも立たない宗教だからです。しかし、最高の理想を掲げるような宗教を説く人がいたら、私は躊躇《ためら》わずにその人を受け入れます。

虚栄心《きょえいしん》や弱腰を弁解しようとする者には、油断は禁物です。誰かがそんなふうに教えを説いて、私たちがそれに従ったとしても、私たちはこれまで通りの感覚まみれの哀《あわ》れな土塊《つちくれ》のようなままでいるだけで、決して進歩することはないでしょう。

私はそのような事例を数多く見てきましたし、私のいくらかの世間体験からしても、わが国は、宗教のいろいろな宗派がまるでキノコのように成長しているところで、毎年新しい宗派が続々と誕生しているほどなのです。しかしそんな中で一つ私が注目したのは、人間の肉体と人間の真正さを簡単に一致させないものだけが、進歩を遂《と》げるのだということです。人間の肉体をそのまま最高の理想と折り合わせてしまおうとするような、つまりは、神を人間のレヴェルにまでに引き下げようとするような、そんな誤った考えは、必ず堕落《だらく》すると決まっています。人間は、世俗的な隷属《れいぞく》状態（肉体の奴隷となる状態）にまで引き下げられるべき存在ではなく、かえって、神の域にまで高められるべき存在であるからです。

また同時に、ヴェーダーンタ哲学の実践的性格という問題には、また別の側面もあるのです。私たちは、他人を軽蔑《けいべつ》して見下してはなりません。人は皆、同じ目的に向かっているからです。弱者と強者のちがいは、程度の違いで、善と悪の違いも、天国と地獄の違いも、生と死の違いも、みんな、程度の違いに過ぎません。世の中のすべての違いは、この程度の違いだけで、種類が違うわけではないのです。なぜなら、一体性、不可分一体こそが、万物の真義であるからです。一切は、それ自身を、思考や生命、魂や肉体などとして表しているだけの「不可分一体の一者」なのであって、その違いは程度の違いに過ぎないのです。したがって私たちには、自分たちと全く同じ度合いで進歩していないからといって、その人たちを軽蔑して、蔑《さげす》んだりする権利はないわけです。私たちは何者をも非難すべきではありません。

もし皆さんが、その人たちに援助の手を差しのべることができるならば、そうして下さい。しかし、それができないときは両手を合わせて仲間を祝福し、彼らの道を歩ませてあげてください。人を引きずり下ろして、軽蔑したりすることは人の道ではありません。人の道が、そのようにして遂《と》げられることなどないのです。

人は他人を非難することで、自分の労力を徒《いたずら》に費やしているのです。しかし、批判も非難も、結局は自分のエネルギーを消耗させるだけで無意味です。長い目で見れば、私たちはみんな同じ事柄を見ているのであって、程度の差こそあれ、同じ理想に近づいているのだということが、分るようになるはずです。私たちの違いと言っても、大部分は表現の違いに過ぎないからです。

では、罪という観念を改めて取り上げてみましょう。今話題にしていたのは人を見下してはいけないという、罪についてのヴェーダーンタ的教えですが、また一方には、人間は罪人だという教えもあるわけです。これらは、実質的には同じもので、一方は肯定的《こうていてき》な見方を、もう一方は否定的な見方をしているにすぎません。一方は、人の強い面を、もう一方は、人の弱い面を表しているのです。でも、弱さがあっても、気にすることなどありません。私たちはみんな成長したいと思っているのだというのが、ヴェーダーンタの教えだからです。

病気は、人の誕生と同時に見つかっています。人の病気については、知らない人はいないのですから、これについては、ことさら説明するまでもないわけです。

病気のことばかり絶《た》えず考えていても、病気が治るわけではありません。そこで、薬という助けが必要となるわけですが、外側のことはすべて忘れて、外界に対しては偽善者《ぎぜんしゃ》になろうとしても、心の奥底ではみんな自分の弱さに気づいているのですから、ヴェーダーンタでは次のように説くのです。「弱さのことを思い起こしても、あまり役には立たないよ。だから、強さを養うのだ。弱さのことばかり考えていても、強くはなれないぞ。弱さへの療法は、弱さのことばかりくよくよ思い続けることではなく、かえって強さについて考えることにあるのだ」と。

人には、その人の中に宿っている強さのことを教えてあげるべきです。ヴェーダーンタは、君は罪人だと言う代わりに、逆の立場から「君は、純粋で完全な存在であって、いわゆる罪とは無縁の存在なのだ」と説くのです。罪というのは、「本来の自己」

が、ごく低い度合いで顕《あらわ》れたものでしかないのですから、皆さんは逆に、「本来の自己」を高い度合いで顕わすことが大切です。覚えておくべきことは、ただ一つこれだけなのです。

決して「ノー」と言ってはいけません。「私には無理だ」と言っても絶対にいけません。皆さんは無限の存在だからです。時間も空間も、あなた方の本性と比べたらどうでもいいことです。あなた方は全能であるのですから、どんなことでも成しとげられるのです。

以上が、ヴェーダーンタの倫理原則ですが、今度は一段降りて、さらに詳細をつめていくことにしましょう。このヴェーダーンタが私たちの日常生活に、つまりは都市生活や田舎の生活に、さらには国民生活や、あらゆる国の家庭生活などに、実際どのように活かしていくことができるかを見ていくことにしましょう。

人が何処に住もうと、どんな立場に立とうと、宗教が人を助けるものでなければ、それはほとんど役立たずとなって、ただ選ばれた僅《わず》かな人びとのためだけの理論に留《とど》まってしまいます。宗教が人類の役に立とうとするなら、人が奴隷の境涯《きょうがい》にあろうと、自由な状態にあろうと、堕落《だらく》の底にいようと、純粋さの極致にいようと、どんな状態の人びとにも進んで手を差し伸べて、助けになるのでなければなりません。ヴェーダーンタの原理は、いいかえれば宗教の理想はその名称ではなく、その偉大な役割を果たす力量によって、成就《じょうじゅ》されるはずです。

自分への信頼という観念が、私たちには最大の助けとなります。自分への信頼ということがもっと広く教えられて実践されていたら、私たちの不幸や悲惨はきっと大幅に軽減されていたことでしょう。人類の全歴史を通して、あらゆる偉人たちの人生において何にもまして強力な原動力があったとすれば、それは自分への信頼です。彼らは自分は偉大なのだという意識をもって生まれたからこそ、偉大になったのです。

人は、堕《お》ちるだけ堕ちるに任せておくと、やがて全くの自暴自棄の道からそれて、上昇カーブを辿《たど》って自分を信じるようになるでしょう。けれども、私たちは最初からそのことを知っておくに越したことはないのです。自分への信頼を得るために、人は何故こうも辛い体験を重ねなければならないのでしょうか。人間同士のちがいは、自分への信頼があるか無いかにつきています。人は自分を信頼できれば、どんなことでも成しとげられるのです。

私は、自分の人生でそのことを経験してきて、今もそれを経験しています。しかもその信頼は、年を重ねるごとに、ますます強くなっているのです。自分を信じない者こそ、無神論者なのです。古い宗教では神を信じない者が無神論者でしたが、新しい宗教では自分を信じない者のことを無神論者と呼ぶのです。

しかし、自分への信頼と言っても、利己的な信頼のことではありません。くり返しますが、ヴェーダーンタは一体性を説く教理だからです。それは自分が一切なのだから、一切を信頼するのだ、ということです。自分への愛というのは、また同時に、万人への、動物への、あらゆるものへの愛のことでもあるのです。あなた方は全員、一者であるからです。世界をさらに良くするのは、一体性へのこういう偉大な信頼なのです。私はそう確信しています。「私は自分を知り尽くしている」と言える者こそ、もっとも崇高な人間なのです。

自分という存在の背後には、まだどれだけのエネルギーやパワーが潜《ひそ》み、また、どれだけの強さが潜んでいるかを、あなたは知っているとでも言うのでしょうか。人間のうちにある一切を知り尽くしたという科学者が、一体、いるとでも言うのでしょうか。人類が地球上に現れてから、何百万年も経っているというのに、人間の能力のごく一部さえも、まだ明らかにはされていないのです。だからこそ、自分は弱いと言ってはいけないのです。表面の堕落《だらく》の背後に、どれほどの可能性が広がっているのかを、皆さんは本当に知っているのでしょうか。人は、自分の中にあるものについては、ほとんど何も気づいてはいないのですが、皆さんの背後には、無限のパワーと祝福の大海が広がっているのです。

「何よりもまず〈彼《か》の魂、アートマン〉のことを知ることです」。寝ても覚めても、自分は〈彼《か》の魂〉なのだという声に耳を傾けるのです。この言葉を、自分に向かって唱《とな》え続けるのです。その響きがやがて血の一滴一滴の中で響きはじめて、ついにそれが、あなたの肉と骨のなかに入り込んでしまうまで「私は生まれることも、死ぬこともなく、至福に満ちた、全知全能の存在で、常に栄光に包まれた魂なのだ」という、この一つの理想で全身を満たすことです。この理想が自分の生命の一部になるまで、寝ても覚《さ》めてもそれを思い続けるのです。そうして、その理想について瞑想するのです。すると、そこから神の働きがあらわれてくるでしょう。

心が豊かに満たされれば、おのずから口が言葉を発するでしょう。また、心が豊かに満たされれば、手もまた働き出して、行動がそれに続くはずです。だから、この理想で自分をいっぱいにするのです。何をするときも、この理想について十分考えつくすのです。そうすれば、あなた方の行動はことごとく思考の力そのものによって、偉大な変容を遂げて神的なものとなるのです。事柄に力が漲《みなぎ》れば、思考もまた逞《たくま》しいものとなるのです。こういう思考を生活に取り入れて、自分は全能で堂々としていて、栄光に満ちているのだという思いで自分を満たしなさい。

これまで、あなた方の頭にどんな迷信も吹き込まれてこなかったなら、どんなに良かったことでしょう。私たちが、誕生以来、自分は弱くて卑《いや》しい存在なのだという、人を麻痺《まひ》させるような観念や迷信の影響などに、少しもさらされてこなかったなら、どんなに良かったことでしょう。人が最も高貴で気高い真実に、もっと容易に達するような道がすでにあったなら、どんなに良かったことでしょう。

しかし、人はこうした道をすべて辿《たど》ってこなければいけなかったのです。だからこそ、後からくる者たちのためにその道をこれ以上困難にしてはいけないのです。

こうした教えは、時に極端な教えに聞こえるかもしれません。確かにおじけづいてしまう人もいますが、現実的な実践を望む者にとっては、これは真っ先に身につけるべきものなのです。自分に対しても、他人に対しても、決して自分が弱いと言ってはいけません。できるだけ良い行いをして、世の中に害を与えないようにするのです。自分を卑下《ひげ》して、架空の存在に祈ったり泣きついたりすることが、迷信的な行為であることを心の底では誰も分かっているはずです。こういう祈りが叶えられたという事実があれば、挙げてごらんなさい。帰ってくる答えは、すべてあなた自身の否定的な心からきているのです。

頭では幽霊などいないと分かっていても、暗闇に入ったとたんに薄気味悪い感じを味わうことがあるでしょう。それは、子供のころにこうした恐怖心をすっかり植えつけられてしまったからです。社会や世論の反発を買ったり、友人からの憎しみを招いたりするのをおそれて、また、慣れ親しんできた迷信を失うのをおそれたからと言って、こういう恐怖心を他人に植え付けてはいけません。

逆に、ヴェーダーンタの実践的な教えを説く指導者となることです。宇宙の一体性や自分への信頼といった教えより他に、宗教で説かれうるようなことは何もないからです。過去何千年もの間、人類はひたすらこのひとつの目標に向かって取り組んできたのですが、それは今も続いているのです。今度は皆さんの出番です。あなた方は、すでに真実を知っているのですから。

またそのうえ、こういう教えは、すでにあらゆる方面で説かれてもきたからです。哲学や心理学だけでなく、唯物《ゆいぶつ》主義の科学までもが、同じことを言明しているのです。今日、この宇宙の統一性を認めることを恐れる科学者がいるでしょうか。あえて、多くの世界について語りたがる者がいるでしょうか。こういう時代錯誤《さくご》の態度は、すべて迷信です。この世には、ひとつの生命、ひとつの世界しか存在せず、それが、多様な形をとって私たちの前に現れているだけだからです。

この多様性は、夢に似ています。夢を見ているとき、ひとつの夢が消えると、また新しい夢が現れます。だが人は、そうした多様な夢の中に生きているわけではありません。夢は、次々と現れては、さまざまな場面を展開し、とどまるところを知りません。このようにして、夢の中では、同じ宇宙の統一性が、九十パーセントの悲惨と十パーセントの幸福からなるこの世の姿となって現れたり、しばらくすると、逆に天国と呼ばれる九十パーセントの幸せとなって現れたりもするのです。けれども悟りを開いた賢者には、天国も地獄も、すべてが夢幻《ゆめまぼろし》と消えて、この世が「神ご自身」として現れ、そして自らの魂までもが「神」として現れてくるといった、そういう素晴らしい時がやってくるのです。

多くの世界や、多くの生命が存在したりするのではありません。こういう多様な姿は、どれも、「彼《か》の唯一者」の顕《あらわ》れに過ぎないからです。「彼《か》の唯一者」が、物質や、霊魂や、思考や、その他一切の、多様なものとなって、「ご自身」を顕現《けんげん》しているのです。「自ら」を多様なものとして顕現しているのは、「彼《か》の唯一者」に他なりません。したがって、私たちがとるべき第一歩は、この真理を自分と他人に向かって説くことなのです。

世の中にこの理想を響き渡らせて、迷信を消滅させようではありませんか。自分は弱いと言い張る弱虫にはこう伝えるのです。君は「純粋無雑《むざつ》な唯一者」なのだ。目覚めよ、立ちあがれ。全能なる者よ、このまどろみは、君にはふさわしくない。目覚めよ、立ち上がれ。自分は弱い、自分はみじめだと思うのを止《や》めるのだ。全能なる者よ、立ち上れ、目覚めて、自分の本性を顕現するのだ。自分が罪びとだと思うのも、自分が弱虫だと思うのも、君にはふさわしくない。

そして今度は、同じことを、世間に向かって、また自分に向かって言うのです。そこから実際にどんな結果が現れるのか、一閃《いっせん》の電光とともに一切の隠れていた本質がどのように顕現され、一切がどのように変化していくのか、これをしかと見届けるのです。そして最後に、人類に向かって同じことを告げて、彼ら自身のパワーを示してやるのです。そうすれば、この理想を私たちの日常生活にどのように活かしたらよいのかについても、わかってくるはずです。

ヴィヴェーカと呼ばれる識別力を駆使《くし》するためには、言い換《か》えるならば、私たちの暮らしの一瞬ごと、私たちの行いの一挙手一投足ごとに、正しいこととまちがっていることを見分け、真実と偽《いつわ》りを識別するためには、純粋性と一者性という真理の判定基準を知ることが必要なのです。一者性にみちびくものは、すべて真実です。愛が真実で、憎しみが偽りであるのは、憎しみが調和を欠いた多様性につながるからです。人間同士をバラバラにするのは、憎しみなのですから、それは、まちがいでもあれば、偽りでもあるのです。憎しみは統合に反する力であるため、物事をバラバラにして崩壊《ほうかい》させてしまうのです。

愛は結びつける力であるため、彼《か》の一者性に寄与します。母は子と、家族は住民と、全世界は動物と一つになることで、人は本来の一つになるのです。

それというのも、そもそも愛は、全てを一つに結ぶ「生きた実在」であり、「神ご自身」であるからです。こういう結びつきは、その結びつきの多少によらず、「彼《か》の唯一者たる愛そのもの」の顕現に他なりません。その違いは程度の違いに過ぎず、これらの結びつきは、一貫して、「彼《か》の唯一者たる愛そのもの」の顕《あらわ》れに他ならないのです。

したがって、私たちは何をするにつけても、その行為が悪しき多様性に寄与するのか、一者性に寄与するのかを、識別しなければならないわけです。もしもそれが悪しき多様性を生みだすのであれば諦《あきら》めなければなりませんが、一者性に寄与するのであればそれは良い行為だと確信できるわけです。同じことが、私たちの思考についてもあてはまります。つまり、私たちの思考が統合に反した悪しき多様性に寄与するのか、それともそれが一者性に寄与し魂と魂を結びつけて、心に抱くにふさわしい影響力をもたらしてくれるのか、これを見極めなければならないのです。もしも私たちの思考が、一者性に寄与するならば、私たちはそれを採用し、そうでなければ、罪ぶかき思考としてそれを捨て去ることになるのです。

倫理学《りんり》という観念の要諦《ようてい》は、それがどんな不可知の事柄や、どんな未知の事柄にも依存してはいないという点に尽《つ》きています。聖書では、これを「そなたが未知なる『神』と仰《あお》いでいる、その当の『神』が〈万人共通の私（真実の自己）〉として、そなたに教えを（親しく直々に）内側から説いているのだ」と言っているのです。皆さんはどんなことでも、この内なる「真実の自己」を通して知るのです。

私はイスを見ます。でも、イスを見るためには、まず自分に気づいていることが肝心で、イスに気づくのはその次となります。だとしたら、イスに気づくのは、内なる「真実の自己」のうち、内なる「真実の自己」を通してだ、ということになるわけです。皆さんが私に知られるのも、全世界が私に知られるのも、みんな、この内なる「真実の自己」のうち、この内なる「真実の自己」を通してのことなのです。したがって、この「真実の自己」を捕まえて、これを知られざる存在だと言うのは、全くのナンセンスだということになります。「真実の自己」を取り去れば、全宇宙は消えてなくなってしまうのです。一切の知識は、「真実の自己」のうち「真実の自己」を通してやってくるからです。だとすれば、「真実の自己」以上によく知られたものはないことになります。皆さんが私と呼ぶものも、（万人共通の、無限で「真実の自己」、すなわち）あなた方自身の、内なる自己のことなのです。

こういうと、あなたは疑問に思うかもしれません。どうして私の「私」が、あなたの「私」にもなりうるのか。また、どうしてこの限りある私が、限りのない「無限者」になりうるのか、と。だが、それが事実なのです。（皆さんの信じている）「有限者」というのは、ただのフィクションでしかないからです。これまで覆《おお》い隠されてきた「無限者」が、言ってみれば、そのわずかな一部を、「真実の自己」、すなわち「私」として、隠れもなき姿で顕現《けんげん》しているのです。「無限者」に限界を付することなど、絶対に不可能です。限界を付された全体などというのは、ただのフィクションに過ぎません。「無限者」は、常に、永遠に、「無限者」のままであるからです。

この永遠の「無限者」でもある「真実の自己」は、老若男女を問わず、私たち全員にはもとより、動物たちにさえ周知の存在なのです。「真実の自己」を知ることなくしては、私たちは、生きることも、動くことも、存在を維持することもできません。この一切万物の「主」を知ることなくしては、私たちは呼吸することも、生きることも、一秒たりともできないのです。「ヴェーダーンタの神」（内なる真実の自己）こそが、一切万物のうちで最もよく知られた存在なのであって、これは決してイマジネーションの産物などではないのです。

これによって、地に足のついた、現実的な「神」についての説明がされないというのであれば、他にどんな説明がありうると言うのでしょうか。自分の目の前の存在以上に実在的な「神」が存在する、とでもいうのでしょうか。全知全能で、あらゆる存在に遍在し、私たちの感覚よりもさらに現実的な「神」が、他にいるとでもいうのでしょうか。それというのも、あなた方自身が、「彼《かれ》」、すなわち「全知全能の、遍在する神」であり、あなた方自身が、あなた方の魂に共通な「ただ一つの魂」にほかならないからです。

これに対して、いやそうではないと私がそれを否定すれば、私は嘘をついていることになります。つねにそれを実感しているといないとに関わらず、私自身深いところではその事実を知っているからです。「彼《か》の唯一者」が「ご自身」を、物質、霊魂、精神（心）、思考その他一切として、さまざまな姿をとって顕現しているだけであるからです。したがって、私たちがとるべき第一歩は、この真理を自分自身と他人に向かって教えてあげることだということになるわけです。

ヴェーダーンタのこういう倫理思想については、くわしく練《ね》り上げる必要があるのですから、それなりの忍耐が必要になります。既に述べた通り、思想というものがごく低い理想からどのようにして成長を遂げていくのか、また一体性という唯一の偉大な「理想」が、どのようにして発展を遂げて普遍的な愛という形にまでなったのか、これを見とどけるために、私たちとしてはこのテーマをあらためて詳しく取りあげ、じっくり調べていきたいと思うのです。危険を避けるためには、こうした研究が必要でもあるからです。

とはいえ、世間には、最も低い段階からこのテーマをじっくり最後まで調べていくだけのゆとりなどありません。仮に私たちが世間を差し置いてより高い段階に立ったとしても、後からやってくる世間の人たちに、その高度な真実を伝えることができなければ、それにどんな意味があるというのでしょうか。したがって、このテーマについてはより低い段階もいとわずにその営みの全搬にわたって研究しておくのが一番だ、ということになります。そのために真っ先に必要になるのは、知的であることはほとんど何の役にも立たないことは分かっているのですから、あえて知的な部分は一掃しておくことです。

何より重要なのは、ハート即《すなわ》ち、心情であるからです。「主」を見ることができるのは、ハートを通してであって、知性を通してではありません。知性というのは、私たちのために道を掃除してくれる道路清掃人のようなものにすぎず、二次的労働者、警察官のようなものでしかないのです。しかし警察官は、社会の営みにとって絶対必要な存在だというわけではありません。警察官の仕事は、単に騒動を止めたり、悪事を見張ったりすることであって、それらはみんな知性に求められている事ばかりなのです。知的な本を読み、その内容をすっかり習得しても、皆さんが思うのは、「主に祝福あれ、私はこれらの書物とは無縁です」ということにすぎません。知性は盲目で、手も足もないため、自分の力では動くことができないからです。役に立つのは、感じることなのです。感じることこそが、電気やその他どんなもののスピードより無限にすぐれたスピードで働いてくれるからです。

皆さんには、もの思う感情があるでしょうか。これが肝心なのです。もしあれば、あなた方は、「主」を見ることになるでしょう。皆さんの抱いている感情こそがさらに強化されて神的なものとなり、最高の段階にまで引き上げられたすえに、ついには、一切万物との一体性を自ら感じ取り、神ご自身と他人の内なる神とを、直々に感じ取るまでになるからです。知性には、こんな芸当は絶対に期待できません。「様々な仕方で言葉を操ったり、経典《きょうてん》をテキストとしてこれを様々な仕方で説明してのけたりするのは、学者が道楽のためにすることで、魂の救済のためにすることではない」（『ヴィヴェーカ・チューダーマニ、詩句５８』）。

トマス・ア・ケンピスの本を読んだことのある人なら、彼がこれと同じことを全ページにわたって主張していることも、さらには世界中のあらゆる聖者がこれと同じことを強調していることもご存知でしょう。

たしかに知性は必要です。知性を欠いたら、私たちは粗雑な失敗に陥《おちい》って、さまざまな誤《あやま》りを犯してしまうことでしょう。知性は、こうした失敗や誤りをチェックしてくれます。しかし、知性の域《いき》を超えて、知性のうえに如何《いか》なるものも打ち立てようとしてはなりません。知性というのは、本来、活動力を欠く二次的な助けに過ぎないからです。真の助けは感情にあり、愛にあるのです。

皆さんには、人や物を思いやる感情があるでしょうか。それがあれば、皆さんは、一体性を通して成長していることになるのです。もしも皆さんに、それがなければ、たとえこれまでに生まれた最も知的な巨人だとしても、それ以上のどんなものにもなることもないでしょう。あなた方は乾いた知性でしかなく、いつまでもそこにとどまることになるでしょう。これに対して、皆さんに人や物を思いやる感情があれば、どんな書物を読むことも、どんな言葉を操ることもできないとしても、あなた方は正しい道を歩んでいることになるのです。そのとき「主」は、あなた方ご自身のものであるからです。

世界の歴史から見て、預言者の力がいったいどこにあったのかを、皆さんはご存知ないのでしょうか。それは知性にあったのでしょうか。この上もなく入り組んだ論理的理性に基づいて、哲学の優れた書物を書いた人が、預言者のうちに一人でもいたでしょうか。一人もいません。預言者たちは、言葉少なに語っただけです。キリストのように感じれば、あなたはキリストのようになり、ブッダのように感じれば、あなたはブッダのようになるのです。生命、強さ、力とは、感じることだ。感じることなしにどれほど知的活動をしようとも神に到達することはできない。知性は、移動する力を欠いた手足のようなものであるからです。手足が動いて、他人に働きかけるのは、感じることが手足に入って、手足を動かしてくれたときだけです。世界中どこに行っても、そのことに変わりはありません。だからこのことを常に心にとどめておくのが肝心なのです。

それはまた、ヴェーダーンタの説く道徳性のうちでも、最も地に足の着いた実践原理の一つでもあるのです。なぜなら、ヴェーダーンタの教えでは、あなた方は全員預言者であると説かれていて、あなた方は全員預言者とならなければならないとも説かれているからです。書物が、あなた方の行いを証言してくれるのではありません。逆に、あなた方が身をもって書物を証言するのです。書物が真理を教えてくれたりするはずはないのです。あなた方が、すでに真理そのものであり、あなた方がすでに真理をハートで直に感じているというのに。

これが、ヴェーダーンタの言っている事なのです。この世で、キリストであったり、ブッダであったりする証拠は何なのでしょうか。あなた方も、私も、実際に彼らのような感情を抱くということです。それが彼らが真実の存在なのだと理解することになるのです。私たち自身の預言者の魂が、彼らの預言者の魂の証拠となっているのであって、あなた方自身の神性が「神ご自身」の神性の証拠になっているのです。

あなた方自身が預言者でなければ、あなた方の考えるどんなことも「神」には当てはまらなかったはずです。あなた方自身が「神」でなければ、どんな「神」も存在したことはなく、これからも存在することはないでしょう。これこそが、ヴェーダーンタの言っている事であり、これこそが私たちの従うべき最高の理想でもあるのです。

私たちは、誰もやがては預言者になるべきであり、もうすでに預言者でもあるのです。それが不可解だと言う人は、そのことにただ自ら「気づく」だけでよいのです。

魂にとって、何かなしえないことがあるなどと考えてはなりません。それほど異端的《いたんてき》な考え方はないからです。この世に罪があるのだとすれば、自分は弱虫だと言ったり、人のことを弱虫だと言ったりすることが、唯一の罪なのです。

第二部

（ロンドン講演　一八九六年一一月一二日）

今日は、チャンドギヤ・ウパニシャドの中から、ある少年がどのようにして知識を得たのかという古代の物語について、お話したいと思います。物語の形式は、とても素朴なものですが、そこには一つの原理が含まれているのです。

ある年若い少年が母親に「私はヴェーダを勉強しようと思います。私の父の名前と私のカーストを教えてください」と尋ねました。彼の母親は結婚していなかったからです。インドでは未婚の女性の子供は、どの階層《かいそう》のカーストにも属さないアウトカースト（不可触民《ふかしょくみん》）と見なされます。彼は社会からも認められず、ヴェーダを勉強する権利もないとされていたのです。哀れに思った母は「息子よ、私もお前の家系の名前を知らないのです。私は人に雇《やと》われていろいろな所で働いていたので、お前の父親が誰なのか分らないのです。でも、私の名前はジャーバーラで、お前の名前はサトヤカーマでしょ」と答えました。そこで、年若い少年は聖者の元に赴《おもむ》いて、弟子として受け入れてくれるよう頼んだのです。聖者は「父親の名前は何と言い、そなたの階級は何なのか？」と尋ねました。少年は、自分の母親から聞いた通りに答えました。すると聖者は、直ちに「自分について、こんなに不都合な話ができるのは、ブラフマンしかいないはずだ。そなたは、立派にブラフマンだ。だから、教えてあげることにしよう。正しい道を踏み外さなかったのだからな」と言って、少年を自分のもとに置き、教育を授けたというのです。

今度は、古代インドの独特な教育法の話を少しいたしましょう。このサトヤカーマの師は、まず彼に痩《や》せて弱った牛四百頭の世話をするよう指示して、彼を森へ送ったのです。彼は森に行って、暫《しばら》くそこで暮らしました。牛の群れが千頭になったら戻って来るよう言われてもいました。

数年たったある日、大きな雄牛がサトヤカーマの所にやってきて、次のように言いました。「私たちは、今や千頭になったので、先生の所へ連れ帰ってください。ところで、あなたにブラフマンのことを、少しばかり教えてあげましょうか」と。「どうぞ、教えてください」とサトヤカーマが頼むと、雄牛は続けて言いました。「東は、主の一部です。そして西も、南も、また北も、みんな、主の一部です。この四つの主要な方角は、みんなブラフマンの四つの部分なのです。それからね、火もまた、ブラフマンについて何か教えてくれますよ」と。当時、火は神の偉大な象徴とされていたので、弟子は誰も、火を起こして捧げものをしなければいけなかったのです。

そこで翌日、サトヤカーマは師の家に向かって出発したのですが、夕べになったので、火に捧げものをしたあと、礼拝をして火のそばに座っていると「サトヤカーマよ」と火から声が聞こえました。（おそらく皆さんは、旧約聖書の中にも、サミュエルが神秘的な声を聞いたという、とてもよく似た話のあることを思いだすでしょう）。サトヤカーマが「主よ、お話しください」と言うと、火は「私は、お前にブラフマンのことを少しばかり教えてあげようとここに来たのだ。この大地は、彼《か》のブラフマンの一部なのだ。空も、天も、ブラフマンの一部なのだ。そして海もまた、ブラフマンの一部なのだ」と話してから、「ある鳥もお前に何か教えてくれたるはずだ」と、告げました。

サトヤカーマは旅を続けて、翌日、夕べの礼拝を終えると、一羽の白鳥が彼のもとにやってきてこう言いました。「あなたに、ブラフマンのことを少しはかり教えてあげましょう。サトヤカーマよ、あなたが崇拝《すうはい》する火はブラフマンなのです。太陽もブラフマンの一部で、月も、稲妻も、ブラフマンの一部なのです。そして、マドゥグという鳥が、ブラフマンのことをもっと教えてくれるはずです」と言いました。翌晩、その鳥がやってきて、似たような声で話し始めました。「ブラフマンについて、あなたに少し教えてあげましょう。呼吸は、ブラフマンの一部なのです。視覚も、聴覚も、ブラフマンの一部で、心も、やはりブラフマンの一部なのです」と。

そうして、少年は師の家に着くと、師の前に進み出て、敬意を持って挨拶しました。師は、弟子を見るやいなや「サトヤカーマよ、そなたの顔は、ブラフマンについて悟った者のように輝いているではないか！　いったい誰が、そなたに教えてくれたのだ」と尋ねました。すると少年は、次のように答えたのです。「人間ではない存在です。でも師よ、私は、あなたが教えて下さることを望むのです。グルから習った知識のみが、至高善へと導いてくれるのだと、あなたのような人たちから聞いているからです」と。そこで賢者は、自分が神々から受け取っていた同じ知識を少年に教えて聞かせた後、こう言ったのです。「教えることはもう何もない、いや、本当にもう何もないのだ」と。

では、ここで、雄牛や火や鳥たちが教えてくれたという寓話《ぐうわ》から離れて、当時の思考の傾向や、それが目指していた方向などを見てみることにいたしましょう。この話には、これらの声はすべて、私たち自身の内にあるものばかりだという偉大な考えの萌芽が見られるのです。これらの真実がさらに深く理解されると、その声は自分のハートから聞こえて来るものばかりだということも、私たちには分るようになるはずです。それでも、この物語にでてくる少年サトヤカーマは、自分でもいつも真実を聞いているのだということは理解していたのに、その説明の仕方が正しくありませんでした。彼は、それらの声を外部から聞こえてくるものばかりだと捉《とら》えていたのですが、本当はそれらはみんな自分の内側から聞こえてくる声ばかりだったからです。

そして、この話から得られる驚くべき次の考えは、ブラフマンについての知識は実生活に活かすこともできるのだ、ということなのです。世界は常に宗教の実用化の可能性を求めているのですが、これらの物語からは、宗教が日を追って地に足の着いた真に実用的なものに育っていく様子を見てとることができるのです。ここでは、真実の存在がどこか遠い世界を通してではなく、かえって弟子たちが日ごろから慣れ親しんでいた、身近なものばかりを通して示されているからです。彼らの崇拝《すうはい》していた身近な火がブラフマンであって、大地もまたブラフマンの一部である、といった具合に……。

では次に、『ウパコーサラ・カーマラーヤナ』という本の中から、このサトヤカーマから指導を受けるために出向いていて、しばらく彼といっしょに暮らした弟子のウパコーサラの話をいたしましょう。さて、サトヤカーマが旅にでると、この弟子はひどく落ち込んでしまいました。サトヤカーマの妻がやってきて「なぜ食事を摂《と》らないのか」と尋《たず》ねると、彼は「悲しすぎて、何も食べられないのです」と答えました。すると、彼が礼拝をささげていた火から声が聞こえて、次のように言ったのです。「生命は、ブラフマンなのだ。ブラフマンは、エーテルでもあり、幸せでもある。ブラフマンを知るがよい」と。すると少年は、次のように答えて言いました。「存じております。生命がブラフマンであることは分かっているのですが、私に分らないのは、エーテルと幸せなのです」と。すると、次のような説明が返ってきました。エーテルという言葉も幸せという言葉も実は同じ一つのものを、つまりは、ハートを棲処《すみか》とした心を持った純粋知性としてのエーテルのことを意味しているのだ。このようにして、火は少年にブラフマンというのはハートを棲処とした内なる生命のことでもあれば、内なるエーテルのことでもあるのだと、教えたのでした。続けて火は、彼に教えて次のように言いました。「この大地も、食べ物も、火も、そしてお前が崇拝している太陽も、みんなブラフマンの顕《あらわ》れなのだ。そして私自身も、太陽の中に見える人物、まさしく『彼《かれ》、ブラフマン』であるのだ。これを知って、私でもある『彼《かれ》、ブラフマン』に瞑想を捧げる者は、すっかり罪が消え、長寿を得て幸せになる。また私は、月、星、水など、等しく天空の主要なポイントに住まう者、まさしく『彼《かれ》、ブラフマン』でもあれば、エーテルのうちにも、天空のうちにも、稲妻のうちにも、等しく住まう者、まさしく『彼《かれ》、ブラフマン』でもあるのだ」と。

私たちは、ここでも、具体的で地に足の着いた実践的な宗教をめぐる、同じ認識を見てとることができるのです。火、太陽、月など、当時の人々が崇拝していたもの、つまりは彼らが親しんでいた身近なものの声がこれらの物語の主題となって、その物語から説明とより高い意味が読者に与えられるのです。そして、これこそがヴェーダーンタの真に実用的（実践的）な側面となっているのです。それは、世界を抽象的な形で損なうことなしに、世界の説明をしてくれます。それは、生きた人物を抽象的な形で損なうことなしに、生きた人物の説明をしてくれます。それは、個人を抽象的な形で損なうことなしに、個人の説明をしてくれます。それは、この世は虚《むな》しく、本当に実在しているわけではないのだ、などと説くかわりに「この世に裏切られて、自分が傷ついたりしないよう、この世の真の姿を、とくと理解するがよい」と説くのです。その声は、ウパコーサラに、お前が礼拝を捧げている火も太陽も月も稲妻も、みんな真の存在ではなく、その他一切もみんな真の存在ではないのだ、などと説く代わりに、太陽のうちにも月のうちにも、稲妻や火のうちにも等しく存在している、同じ一つのスピリットが、彼自身のうちにも宿っているために、何もかもが言わばウパコーサラの内なる目を通して、ブラフマンの尊い姿に変容を遂げたのだと説くのです。それまでは、それを通して捧げものをする、ただの物質的な火に過ぎなかったものが、新しい様相《ようそう》を帯びて「主」となったのだと、説くのです。このようにして、地球も生命も変容し、太陽も月も星も稲妻も、何もかもが変容して、本来の神的存在と化し、また、このようにして、これらすべての存在の真の本質が知られるところともなったのです。ヴェーダーンタのテーマは、このように一切万物のうちに「主」

を見るという点にあり、一切万物を見かけの姿を通してではなく、真の本質を通して見る、という点にあるのです。

さて、ウパニシャドでは、また別の教えも説かれているのです。曰く「私たちの眼に輝いて見える者、『彼《かれ》』こそ『ブラフマン』なのであって、『彼《かれ》』こそ『美しき唯一者』でも『輝ける唯一者』でもあるのだ。『彼《かれ》』が、ひとり、これらすべての世界で輝いているのだ」と。ある注釈者は、これを次のように言いかえています。心の清らかな人のもとにやってくる、ある特殊な光というのは瞳の内なる光のことであって、心が清ければその人の瞳には、そのような特殊な光が輝くのであり、その特殊な光というのは実は「内なる魂」の光のことであって、それはまたいたるところで輝く光のことでもあるのだ。あらゆる惑星のうち、あらゆる星のうち、あらゆる太陽のうちで輝くのは、他ならぬ同じ一つの光なのだ、と。

今度は、こうした古代のウパニシャドの中から、誕生と死などをめぐる、ある別の理論の話をすることといたしましょう。少年シヴェータケートゥがパンチャーラスの王のもとへ行くと、王は彼に「人は死ぬと、どこに行くのか？　彼らは、どのようにして戻ってくるのか？　あの世が、死人の魂でいっぱいにならないのはなぜなのか？」などと尋ねました。王の質問に、少年は分かりませんと返事をしました。そして少年は、父親のもとに戻って、同じ質問をしたのです。すると父親も「わからない」と答えて、自ら、王のもとを訪ねたのです。王は、これらの問題をめぐる知識が神官たちに知られたことは皆無で、その知識は王たちのみが知り得るものであったため、世界を統治するのも王たちとなったのだと、話しました。

父親は、しばらく王のもとに滞在することになりましたが、それは、王から教えてあげようと言われたからでした。「ガウタマよ、あの世というのは火の世界なのだ。太陽はその燃料で、光線はその煙。炎熱《えんねつ》の昼間はその炎で、月はその燃え滓《かす》。そうして星はその火花なのだ。神々がこの火に献酒《けんしゅ》を注ぐと、この献酒からソーマ王が生まれるのだ」。王は、さらに話を続けました。「そなたは、あの小さな火などに献酒を注ぐ必要はない。全世界が、彼《か》の火そのものであるからで、そこではこうした献酒の礼拝が絶えず行なわれていて、神々も天使たちもすべての者がこの火を崇拝しているからだ。けれども、人、すなわち人の体こそ火のもっとも偉大な象徴なのだ」と。

ここでも、理想が具体的な現実となり、火にもなれば、人の体にもなっていく姿が見られるわけです。これらの物語すべての底に流れる原理によれば、たしかに人が造る象徴も立派に役立つものにはなるのですが、私たちが造り上げるどんなものより優れた人の体という象徴がもう既に立派に存在しているのです。人は、神を崇拝するため像を造り上げるが、生きた人間というもっと優《すぐ》れた神の像がもう既に存在しているではないか、というのです。

『ヴェーダ聖典』には二つの部分が、つまりは儀礼《ぎれい》の部分と知識の部分があることを、皆さんは覚えておられるでしょう。いつしか儀礼の数はますます増えて、非常に複雑なものとなり、それらのもつれをほどくことがほとんど絶望的になったため、『ウパニシャド』ではそれらの儀礼を実践する代わりに、それらの意義をただ説明することによって緩《ゆる》やかな形ではありますが、それらがほとんど廃棄《はいき》されているのが分かります。

昔は、儀礼に基づく奉献《ほうけん》や供犠《くぎ》が行われていたのですが、そこにウパニシャドの哲学者が現れて、無知な者たちの手から神像を取り上げたり、それらに対して否定的な態度をとったりするといった乱暴な態度をとりました。（残念ながら近年の改革では、こうした乱暴な態度がごく普通に見られます）伝統的な儀礼の代りとなるようなもっと優れたものを人々の手に与えたのです。

つまり、哲学者は次のように言うのです。ここには火という神の象徴がある。まことに結構！　しかし、こちらには、大地という別の象徴があるのです。なんと壮大で偉大な象徴でしょう！　ここには小さな寺院がありますが、こちらでは宇宙全体が寺院なのですから、人はいたる所で礼拝することができるのです。地上には人の手で造り出した、特異な（人工の）像や祭壇がありますが、こちらには生きた意識を備えた、人の体という最高の祭壇があって、この祭壇に礼拝をささげることは、生命のないどんな神像に礼拝をささげるより、はるかに高度な営《いとな》みなのです、と。

さて今度は、ひとつ、一風変わった理論について考えてみましょう。これについては、私自身もあまり理解しているわけではないのですが、そこから何かを見いだすことができるならと考えて、解釈してみることにするのです。さて、瞑想で自分を浄化して本来の自己についての知識を得た人が死ぬと、その人は、最初に光のもとに行き、次に光のもとから昼のもとに行き、その次に昼のもとから月のおぼろな光のもとに行き、そのまた次に、太陽が北に移動する半年のもとに行った後、さらにそこから順に、一年のもと、太陽のもと、月のもとにという具合に移動を重ねた末に、最後に稲妻の領域に達すると、彼は、そこで人間ではない人物に出会うのだというのです。すると、その人物が彼を（条件付きの）ブラフマンのもとに導いてくれるのだそうです。これが神々の道です。賢者や聖者が死ぬと、このような道を辿《たど》って、もうこの世には戻ってこないのだといいます。

ここで言われている月や年をはじめ、これらすべてのものが、果たして何を意味しているのかは、誰にもよく分らないのです。誰もが自分流に意味付けをするのですから、なかには、全てがたわごとだと言う者もいるわけです。月の世界や太陽の世界に行くということが、一体何を意味しているのか、また、稲妻の領域に達すると死後の魂を助けにくるという人物は、一体何者なのか。これらのことは、誰にも分らないのです。しかし、ヒンドゥ教には、月は生命が存在する場所だという考えがあるので、生命がそこからどのようにして地球にやってきたのかについては、次の次第から分かってくるのです。

真実の自己ついての知識には到達しなかったが、今生では善行《ぜんこう》を重ねたという人たちが亡くなると、その人たちは、まず煙を通りぬけて夜に行くと、そこから一五日間の闇の世界に行って、さらにそこから太陽が南へ移動する半年間の世界へと行き、そこから先祖の集う領域に行くのだそうです。そうして、エーテル界に赴いた後、月の領域に行くのだといいます。すると、この人たちは、そこで神々の食物となった後、神として生まれて、神々が許す限りそこに住むのだそうです。そして善行の功徳が尽きると、彼らはまた同じルートを辿って、地球にもどってくるのです。まずは、エーテルになった後、次は空気になり、以下順に、煙、霧、雲となった末に、雨の雫《しずく》になって地球に降り立つのだといいます。そして食物に入って、人間に食べられ、最後に人間の子供になるのだというのです。これまで非常に善い行いをしてきた者は、恵まれた家に生まれるのですが、悪い行いをしてきた者は、恵まれないところに生まれて、時には、動物の身に宿ることさえあるのだといいます。動物たちも、絶えず地球と月とを行き来しているというのです。地球が人間であふれたり、地球に人間がいなくなったりしないわけも、ここにあるのだというのです。

ここからも、またいくつかの考えを得ることができます。この話については、後になれば多分もっとよく理解することもできるようになるはずですが、今のところは、この話の意味について、少しばかり思いを巡《めぐ》らせてみることは可能です。天界に行った人たちがこの世に戻ってくる次第を扱ったこの話では、前半部分より後半部分の方が一層はっきりしているとはいえ、言わんとしていることは、「神」の本質を悟ることなくしては、永遠の天国は存在しない、という一点に尽きていると思われます。

ところで、神の本質までは悟れなかったけれども、果報を求めてこの世で善行を尽くしたという人たちは、死後あちこちと辿った末に天国に達すると、そこでこの世と同じように、ただし今度は神々の子としてまた生まれて、果報が尽きるまで、そこで暮らすのだというのです。

ここから出てくるのが、名前や形のあるものは、すべて一時の儚《はかな》い存在だという、ヴェーダーンタの基本的な考え方の一つです。この地球にも名前と形があるのですから、それは一時の儚い存在だとなりますし、天国にも名前と形があるのだから、それも一時の儚い存在だとなるではありませんか。永遠の天国という観念が形容矛盾《けいようむじゅん》であるのは、名前と形のあるものは、すべて時間を通して生まれ、時間を通して存在し、時間を通して終わりを迎えるしかないからです。これがヴェーダーンタの定式的な原理なのですから、天国という観念自体が、おのずから放棄《ほうき》されるところとなるわけです。

『ヴェーダ聖典』の主要部分をなす「サンヒター」には、イスラーム教徒やキリスト教徒の間に行き渡っているのとほぼ同様の、天国は永遠だという考え方が見られます。しかし、イスラーム教徒の間での方が、もう少し具体的に考えられています。

彼らによれば、天国とは、その下に幾筋《いくすじ》もの川が流れている、広大な庭のある場所だというのです。アラビアの砂漠では、水は非常に稀少《きしょう》なため、イスラーム教徒の想いにとっては天国というのは、常に豊富な水であふれた所となるわけです。私は、毎年六か月間も雨の降る国に生まれたので、さしずめ私の考える天国は雨の少ない乾燥した所になりますし、おそらくイギリスの人たちにとっても、天国というのは同じような所となるでしょう。「サムヒター」の天国も永遠であり、死者は美しい肉体を持って、彼らの祖先たちと一緒に暮らし、その後ずっと幸福に暮らすと考えられているのです。彼らは、そこで両親や子供たちや他の親戚の者たちに会って、この世とほぼそっくりな暮らしを送るのですが、ただし、ずっと幸せだという点だけは違っています。この世の幸せに対する困難や障害は、すっかり消え失せて、その良い部分と楽しみだけが残っているのです。

しかしながら、人類がこういう事態をどんなに快適だと考えたとしても、真実と快適とは別ものです。行くところまでいかない限り、真実が快適でないケースも多々あるからです。そのうえ、人間の本性はきわめて保守的なものです。何かをして、何かをし終えると、そこから抜け出すのは難しいと感じてしまうのです。心が新しい考えを受け容れようとしないのは、そこから新しく不快なことがもたらされるからです。

ウパニシャドでは、そのような（現実から遊離したような）考えからの、驚くべき脱却が見られるのです。名前や形を持つものには、すべて終わりがあり、人間が死後に先祖たちといっしょに暮らす天国も、いつかは必ず消滅するのだと言明されているからです。天国に形があるのだとすれば、そうした天国もやがては消え去る運命にあります。何百万年も続いたとしても、やがて消えるときが必ずやってくるのです。ここからは、魂たちもやはり地球にもどってくるしかないのでして、天国というのは、あくまでもこの世における善行の結果を味わうところであって、その功徳が尽きれば、魂たちは、この世に再び舞い戻ってくることになるのだというと、また別の考えがおのずから生まれることにもなるわけです。

ここから一つはっきりするのは、人類はごく早い頃から、因果性《いんがせい》（因果応報）の哲学に対する感受性を持っていたということです。その後私たちは、私たちの哲学者たちが、どのようにして哲学と論理学の言語を使って因果性の哲学をもたらしたかを見ることになるわけですが、ここではまだ因果性の哲学と言っても、ほとんど子供の言語レヴェルのものでしかないわけです。これらの書物を読んで、ひとつ注目されるのは、ここに見られる感受性はすべて、心のうちで感じられる内的感受性だという点であります。

皆さんが私に、その感受性は果たして地に足の着いた実践的なものになりうるのでしょうかと問えば、私の答えは、はじめは立派に実践的であったものが、やがて哲学的なものになったのだ、となります。皆さんにもお分かりになるはずですが、これらの事柄は、心のうちだけで感じられていたものが、次第にはっきりと自覚されるようになって、それからやっと書物に書かれるようになっていったのです。

昔の思索者たちには、この世の天地自然が直々に語りかけていたのです。小鳥も動物も、太陽も月も、みんな、彼らに直に語りかけたのです。そして彼らは、物事をはっきりと理解するようになって、初めて自然の核心に至ったのです。ただし彼らは、近年流行っているように、知的認識力や論理の力を駆使《くし》したり、人の脳みそからくすねて大著《たいちょ》を著わしたり、あるいは今、私がしているように、何か人の著作を取り上げて、長々と講演をしたりする代わりに、かえって辛抱強い探求と発見を重ねることで真理を見出したのです。その真理に到る本質的な方法は、実践だったのですから、常にそのことに変わりはないのです。

宗教というのは、つねに実践の用をなす科学なのですから、どんな神学的な宗教であったこともないし、これからもそのことに変わりはないでしょう。先ずは実践で、そのあとで知識となるのです。魂が帰ってくるという考えは、すでに前からあったもので、何らかの結果を期待して善行を積んだ者たちが当てにした結果を得ても、その結果は、いつまでも続くものではありません。ここから得られるのが、因果性というみごとに展開された美しい観念で、結果は原因と釣り合っているという極めて現実的なものです。あくまでも、原因のありように見合った結果が準備されるのです。原因が永遠のものであれば、結果も永遠のものになるはずですが、こうした善行を積むという原因も、すべて有限なものでしかないのですから、その限りでは、永遠の結果を結ぶはずはないわけです。

さて、私たちはここで、死後の魂の行方《ゆくえ》という問題の、別の側面に至ることになります。永遠の天国というものが存在し得ないように、永遠の地獄というものも同じ理由で存在するはずはないのです。例えば、私が非常によこしまな人間で、間断なく悪いことばかり重ねて一生を渡ってきたのだといたしましょう。しかし、この世における私の一生など、永遠の生命に比べたら無いも同然です。しかも永遠の処罰ということがあったとしても、有限な原因から永遠の結果が生まれるという矛盾が起こってしまいます。一生に渡って善行を重ねてきたとしても、これまた同様の理由から、無限に続く永遠の天国など得られるはずもありません。だが、それにもかかわらず「真理」を知って、これを成就《じょうじゅ》した人たちに当てはまる第三の道というものがあるのです。「マーヤー」という偽りのヴェールを脱ぎ棄てる道は、言い換えるなら「真理」とは何であるかをはっきり悟る道は、これしかないのです。ウパニシャドは「真理」を悟るということが何を意味するのかについてはっきりと示しています。

この道は、善も悪も同じように認めないで、その代わりに一切万物が「真実の自己」に由来《ゆらい》するのだと悟る道なのです。一切万物の内には、ただひとり、「主」即《すなわ》ち「真実の自己」のみが、いまし給《たま》うだけなのだというのです。したがって、それは宇宙そのものを否定することであり、宇宙に向けている眼を閉じることであり、地獄においても、天国においても、ただ「主」のみを見ることであり、生においても、死においても、ただ「主」のみを見ることに他ならないのです。

これこそが、先ほど私が皆さんに読んでお聞かせした箇所の発想法なのです。天も地も「主」の象徴であり、私たちの占めている場も「主」ご自身であり、一切万物が「ブラフマン」なのだというのです。しかも、このことは、単に話の種にされたり、思考の材料にされたりするのではなく、かえって身をもって理解されたり、心底納得されたりすべきことなのだというのです。

ここから、その論理的帰結として、おのずと理解されるように、魂は、一切万物に「主」

が遍満し、一切万物に「ブラフマン」が遍在していることを悟れば、自分が天国に行こうと地獄に行こうと、またその他どこに行こうと、そんなことを気にしたりするはずもなく、自分が再びこの世に生まれようが天国に生まれようが、そんなことに心を奪われたりするはずもないわけです。

悟りを開いた魂にとっては、こうしたことが、もはや何の意味もなさなくなっているのは、いかなる所も同じ「主」の寺院だからであり、いかなる所も、同じ聖なる場と化しているからであり、魂が天国で見るものにも、地獄で見るものにも、またその他どこで見るものにも、「主」が同じようにいまし給うからです。善もなければ悪もなく、生もなければ死もなく、あるのはただひとり「永遠の唯一者、ブラフマン」のみであるからです。

ヴェーダーンタによると、こういう認識に到達すれば人は自由になり、この世で生きるにふさわしい唯一の人間になるのです。それ以外の人は、誰もこの世で真に生きていくことはできません。この世に悪を見る人が、どうして生きていけるというのでしょう。その人の人生は、つらいことだらけではありませんか。この世を危険だらけだと見る人にとっても、この世を儚《はかな》い死の世界だと見る人にとっても、人生は丸ごと一個の悲惨となるからです。この唯一無二の「真理」を理解して、一切万物の中にこの「真理」を見た人のみが、この世で真に生きていくことができるのであり、「私は、この人生を楽しむ、だから、この人生で私は幸せだ」と言うこともできるのです。

因《ちな》みに、ヴェーダーンタでは、地獄という観念は、どこにも出てこないと言っておくのがよいでしょう。この観念が現れるのは、もっと後の『プラーナ聖典』においてだからです。ヴェーダーンタによる最悪の処罰とは、もう一度チャンスを与えられて、この世に戻ってくることなのです。ここで真っ先に気づくことは、この考えが非人格的な考え方をしている点です。これに対して、罰したり報《むく》いたりといった観念はきわめて物質的な観念で、私たち同様に、ある人は愛して別の人は憎むといった人間的な「神」の観念にしか馴染みません。賞罰の行為が許されているのは、このような「神」に対してだけだからです。

『ヴェーダ聖典』の主要部分をなす「サンヒター」には、こういう人間的な「神」が出てきますが、そこには恐怖という観念も見出されます。しかし、ウパニシャドの段階になると、恐怖という観念は消えて、その代わりに非人格的な観念が現れるのです。人にとって、こういう非人格的な観念を理解するのが、生来一番難しいのは、人はいつでも肉体をもった人間にしがみついているからです。偉大な思想家と思われている人たちでさえ、「非人格神」という考えには、反発を覚えるほどなのです。

しかし、私には、「神」を肉体を抱えた人間だと考えるほど、馬鹿げたことはないように思われるのです。生きている神と死んでいる神とどちらが高度な考え方でしょうか？　誰にも姿が見えず誰も知らない「神」という観念と、誰もが知っている人間になじみのある「神」という観念とでは？

「非人格神」というのも、実は一個の生きた神というひとつの原理なのです。人格的観念と非人格的観念の違いは、人格的な観念と言えば人間を表すだけですが、非人格的な観念の方は、天使をも、人間をも、動物をも表すうえに、私たちの目には見えない「神」をも含んだ、それ以上の物まで表す点にあるからです。非人格性というのは、全ての人格性を含むばかりか、一切万物を含む宇宙の総体のことでもあれば、無限にそれ以上のものでもあるのです。この世に顕《あらわ》れる「唯一の火」が、自らをきわめて多様な姿を通して顕わしながらも、また同時に、無限にそれ以上のものでもあるように、「非人格的」という観念も同じであるからです。

たしかに、私たちは生きた神を崇拝したいと考えます。けれども、私は生涯を通して、神しか見たことはないのですが、皆さんも同様のはずです。この椅子を見るのには、まず神を見て、それから神のうちに、また神を通して、椅子を見るわけです。神は、いたるところで「我あり」と言っています。皆さんも、自らのうちに「我あり」

と感じたとたんに「神の実在」を意識するのです。私たちが自分のハートのうちに、また、生きたあらゆる存在のうちに「神」を見ることができなければ、「神」を見出そうと、一体どこに出かけたらよいと言うのでしょう。「御身《おんみ》こそが、男性でもあれば、女性でもあるのだ。御身こそが、少女でもあれば、少年でもあるのだ。御身こそが、よろよろと杖《つえ》曳《ひ》く老人でもあれば、肩で風切って歩く、血気盛んな青年でもあるのだ」。御身こそが、実在する一切なのであり、この宇宙で唯一の事実をなす、ひとつの素晴らしい、真に生きた「神」なのだという、この考え方は、多くの人にはどこかヴェールの陰に隠れていて、誰にも姿の見えない伝統的な神の観念とは、ひどく矛盾しているように思われることでしょう。

だからこそ司祭たちも、自分たちに従ってその勧告《かんこく》に耳を傾け、示された通りの道を歩めば、死ぬときにはパスポートがもらえるのですから、あなた方もきっと神の顔が見られるはずですよと口先で請《う》け合うわけですが、ただそれだけなのです。すべて、天国についての、この種の空想的で抽象的な観念は、司祭たちのこうしたナンセンスな言いぐさの姿を変えたものでしかないのです。

たしかに、非人格的な神の観念はきわめて破壊的です。それは、神官からも、教会からも、寺院からも、すっかり仕事を取り上げてしまうからです。インドでは、もっか飢饉《ききん》だというのに、多くの寺院には、人質にされた王様の身代金になるほど価値のある宝石がいくつもあるのです。神官たちが人々に、ヴェーダーンタで説いているような「非人格神」の観念を説いたら、彼らの職業はなくなってしまうでしょう。でも私たちは利己心を捨てて、神官的な悪知恵の働かないところで、「非人格神」の観念を、断固、説かなければならないのです。

皆さんも神で、私も神だというときに、誰が誰に従うというのでしょう。誰が誰を礼拝するというのでしょう。あなた方自身が、「神」の最高の寺院なのですから、私としては、どんな寺院や、神像や、聖典を礼拝するより、あなた方を崇拝したいと思います。人々は、どうして、天国に住む人格神などというこれほど空想的で矛盾した考えを持つのでしょう。こういう人たちは、私たちの手から滑《すべ》りぬける、掴《つか》みどころのない魚のようなものなのに、自分では手堅い実践的な人間だと言うのです。まことに結構。だがそれにしても、今ここで皆さんを礼拝する以上に、手堅い実践的な信仰があるでしょうか。私には分かっているのです。眼で見て、手にもさわれる皆さんこそが、「神」なのだということが。

マホメット教徒は、アッラー以外に神はいないと言うのですが、ヴェーダーンタでは、神でないものは何もないと言うのです。皆さんのうち多くの人が、この考えにびっくりしても、次第に分かってくるはずです。生きた「神」は、皆さん自身のうちにいるというのに、あなた方は教会や寺院を立てたり、根も葉もない、ありとあらゆるたわごとを信じたりしているのです。勿論《もちろん》、動物たちも寺院であることに変わりはないのですが、人間は、寺院のなかでも最高の寺院、タージ・マハールなのです。私には、「こんな寺院など崇拝できない」と言うのなら、他のどんな寺院が勝っているというのでしょう。私自身が、あらゆる人の体という寺院におられる「神」の存在にはっきり気づけば、また私自身があらゆる人の前に恭しく《うやうや》立って、その人のうちに「神」を見れば、その瞬間に自分を縛り付けているものは一気に消えて、私は自由の身となるのです。

これこそが、あらゆる礼拝の中で最も実践的な「神」への礼拝なのです。これは、屁理屈《へりくつ》や思弁《しべん》とは全く無縁なのに、多くの人たちをびっくりさせては、それは間違っていると言われてしまうのです。そして、この人たちは、天のどこかにいる「神さま」なる者が誰かに「我は神なり」と告げたのだという、先祖伝来の古い言い伝えに対して、相も変わらず、あれこれと理屈を重ね続けているのです。その時以来、私たちに在るのは、ただ理屈だけになってしまったのです。彼らに言わせれば、これが、実践性というもので、私たちの考えこそ非実践的だということになるのです。

確かに、ヴェーダーンタでは、各人が各様の道を持つべきだと教えはしますが、その道がゴールだと言っているわけではないのです。天なる神を崇拝するのは、べつに悪いことではないのですが、それは「唯一・無二の真理」に至るステップではあっても、「唯一・無二の真理」そのものではないと説くのです。確かに、そうした天なる神への崇拝は、それなりに心地よく、美しくもあれば素晴らしい考えも含んでいるのですが、ヴェーダーンタはいたるところでこう説くのです。「わが友よ、そなたが知られざる者として崇拝《すうはい》する『彼《か》の者』を、私は、そなた自身として崇拝するのだ。そなたが、知られざる者として崇拝し続け、全宇宙を通して探し求めている『彼《か》の者』は、常にそなたと共にあったからだ。そなたは『彼《か》の者』を通して生きているのであり、『彼《か》の者』は、宇宙の『永遠の目撃者』でもあるからだ」。「『ヴェーダ聖典』がこぞって崇拝し、否、それ以上でもある『彼《か》の者』こそ、永遠なる『我』のうちに常住《じょうじゅう》する『彼《か》の者』こそ、真に実在する『彼《か》の者』こそ、全宇宙として実在しているのだ。『彼《か》の者』は、宇宙の光にして、宇宙の生命なのだ。『(彼《か》の者たる) 我』が、そなたのうちにいるのでなければ、そなたは太陽を見ることもなくなって、一切が闇の塊《かたまり》と化すはずだ。そなたがこの世を眺《なが》めるのも、『彼《か》の者』が輝いていればこそ、なのだ」と。

だがしかし、広く疑問とされてきたところに従えば、そこからは恐ろしい量の難題が持ち上がるというのです。「私自身が『神』なのだから、私が行い、私が考えることは、すべて善にしかならない。『神』には、どんな悪も行えないからだ」。とかく私たちは誰も、そう考えてしまうからです。こうした誤解が危険なものとして生ずるのも、無理からぬところだとしても、ここで真っ先に思い浮かぶのは、「反対陣営にも同じような危険のあることが、やはり証明しうるのではないか」という反論です。彼らは、自分とは別個の天なる神を崇拝し続けては、その神をひどく畏《おそ》れているからです。彼らは生まれながらにその恐れと握手しては、一生それと握手し続けていくつもりなのです。

世の中は、こんな惨《みじ》めな態度によって、大いに改善されたとでも言うのでしょうか。

この世の偉大な働き手たち、（巨人的な働きをした人たちや巨人的な道徳性を発揮した人たち）が存在してきたのは、はたして、どちら側だったのでしょうか。人格神なるものを理解してこれを崇拝してきた者たちと、非人格神なるものを理解してこれを崇拝してきた者たちとではそれは間違いなく、非人格神なるものを崇拝してきた方です。恐怖心を通して道徳性が育まれるなどと、どうして期待できるというのでしょう。そんなことは絶対にありえないからです。

「人が、他人の姿を見たり、他人の声を聴いたりする世界は、全てまぼろし、つまりマーヤーの世界なのだ。人が他人の姿を見ることも、他人の声を聞くこともなくなって、一切万物が本来の『アートマン』になったとき、いったい誰が誰を見、誰が誰に気づくというのか」。一切万物が、同時に「彼《か》の者」でもあれば、「我」でもあるのです。今や、魂が浄化されたのです。その時、ただその時にして初めて、私たちは愛とは何であるかを理解するようになるのです。愛が恐怖心からやってくることなどありえません。愛の基盤は、自由にあるからです。私たちが心の底から世界を愛し始めると、その時、兄弟愛とか人類愛といった意味が理解されるようになるのですがそれまでは無理なのです。

ですから、まるで反対の教説が、悪の働きに力を貸さなかったりしたことも、世界を血の海に染めては、人間たちをバラバラに引き裂くような派閥《はばつ》主義へと導いたりしたこともなかったかのような口ぶりで、威丈高《いたけだか》に非人格的観念をつかまえては、お前こそがこの世に恐ろしいほどの悪をもたらす元凶《げんきょう》なのだと言ったりするのは、間違いだとなるわけです。「『わが神』は、並ぶものなく偉大なのだから、自由競争によって、決着をつけようではないか」。これが、世界中の二元論の落ち着くところなのです。

これにたいして、私は次のようにいいましょう「そんなに狭いところに立てこもったりしていないで、広大で開かれた大いなる真昼の光の中に、さっさと出てきたらどうでしょう。無限の魂がそんな狭い溝にはまったまま、どうして一生を渡っていかれるというのですか。「光」の宇宙に入ってくれば、一切万物があなた方のものなのですから、両手を広げて愛をもって一切を抱きしめたらいいではないですか。そうしたいと一度でも感じたことがあれば、すでにあなた方は、立派に神を肌身で感じていたことにもなるのですから」と。

ブッダの説法には、ブッダが、この世の東西南北、四方八方にはもとより、天国にも地獄にも、愛の想いを同じように送った結果、全宇宙がその広大かつ偉大な無限の愛によって、どれほど満たされることになったかを記した一節のあることを、皆さんも、ご存知のことでしょう。皆さんがそれと同じ思いを抱けば、皆さんも生きた真の人格を得たことになるのです。宇宙全体が生きた一人の人物なのですから、ささいな事柄など安んじてみんな手放してしまったらいいのです。「無限者」のために小さなことには目をつぶり、「無限」の至福のために、ささやかな楽しみなどみんな捨ててしまうのです。

また、全宇宙はあなた方のものでもあるのですが、そのわけは、「非人格的なるもの」

には「人格的なるもの」も含まれるからです。ですから「神」というのは、同時に「人格神」でもあれば「非人格神」でもあることになり、「真人《しんじん》」「無限者」「非人格的な人」が、自らを生きた人物として顕《あら》わしていることにもなり、更には私たち本来の大いなる「無限者」が、自らをいわば多くの小さな部分に限定して、個々人としていることにもなるのです。

ヴェーダーンタによれば「無限性」は私たちの真の性質です。私たちに割り振られた、この「無限性」は、私たちの真の本性として、決して消え去ることなく永遠に存在し続けるのです。ところが私たちは、自分のカルマによって自らを限定してしまっているため、このカルマが首に巻きついた鎖のように、自分たちを小さな限定に引きずりこんでいるのです。こんな鎖など引きちぎって自由になりなさい。掟など踏みつけてしまえばいいのです。人間の本性には、元々どんな掟《おきて》もなく、どんな運命も、どんな宿命も、存在しないからです。無限性のうちに、どうして掟など存在しうると言うのでしょうか。

自由こそ、無限性の性質であり生得の権利なのです。自由になって、気に入った人格をいくらでも採用したらいいのです。そうすれば、舞台に登場して乞食《こじき》の役を演ずる役者のように、私たちも自由に演じることになるはずです。役者の演じる乞食と、街をうろついている乞食の違いを比べてごらんなさい。どちらも外見も言葉遣いもきっと同じでしょうが、その実態は何と違っていることでしょう。役者の方は、乞食の境涯《きょうがい》を味わい楽しんでいるというのに、本職の乞食の方はみじめな境涯に苦しんでいるのです。この違いは、どこから来るのでしょう。一方は自由で、他方は拘束《こうそく》されているからです。役者の方は乞食の境涯が自分の本当の姿ではなく、それをただ役回りとして引き受けているだけなのだと、自ら納得しているのに、本当の乞食の方はその姿にすっかり慣れきっているため、自分の意志とは無関係にそれに耐えるしかなくなっているのです。これが掟《おきて》というものです。

自分の真の本性についての知識がない限り、私たちは外部の衝撃にいちいち振り回される乞食であり、外部のあらゆるものすべての奴隷《どれい》と化しているのです。私たちが世界中泣きまわって助けを求めても、助けなど決してやってきません。ありもしない存在に泣きついても、助けがやってくることなど決してないからです。それでも私たちは、懲《こ》りずに助けがやってくるものと期待しては、めそめそ泣いたり、派手に泣き叫んだり、期待したりで、一生を虚《むな》しく過ごしていくのです。そして同じ茶番が、いつまでも続いていくのです。

自由になりなさい。誰からも、何一つ期待してはなりません。自分の人生を振り返ってみれば、皆さんは決して来ることのない助けを人から得ようと、いつも虚《むな》しくあがいていたことに気づくはずです。助けは、みんな自分の内からやってきたのです。あなた方は、自分で努力した実りを自ら得ただけなのに、不思議なことに外からやってくる助けをいつも期待していたのです。

お金持ちの客間はいつも人でいっぱいなのに、気をつけてみると同じ人の姿は見当たりません。客たちは、お金持ちから何かせしめようといつも期待しているのに、何も得られないからです。私たちの人生も、果てしのない期待の連続に費《つい》やされています。

ヴェーダーンタは、もう期待するのは、やめなさいと言うのです。どうして期待などしなくてはいけないのでしょう。みなさんは全て持っているというのに。いや、あなた方が全てなのに、いったい何を期待するというのでしょう。

王様の頭が狂って、王様を見つけようと国中駆《か》けずり回っても、王様が見つかることなど決してありません。彼自身が当の王様だからです。国中の村や町をめぐって、泣いたり叫んだりしながら、一軒一軒、探し求めたところで、王様は決して見つかりません。本人が当の王様であるからです。自分自身が神様なのだと理解して、もうこれからは、こんなに愚かな「自分」探しなど、さっさとやめればいいのです。自分が神様だと分かれば、もうそれで幸せになって満足するではありませんか。こんな気ちがいじみた探求など、すっかりあきらめなさい。そして舞台の役者のように、この宇宙の自分の役割を自由に演じることです。

そうすれば、全光景は一変して、この世が永遠の監獄の代わりに、遊び場のような所となってしまうのです。競争の世界が至福の場となって、そこには花も咲き蝶も舞う常春《とこはる》の国が広がっているのです。これまで地獄だったこの世が天国となるのです。この世は、拘束《こうそく》されている者たちの目には苦悩に満ちた恐るべき場ですが、解放された者たちの目には全く異なって映っています。この世のかけがえのない暮らしが、普遍的な暮らしとなっていて、ここには様々な天国や、それに類する場がみんなそろっているのです。神々も人間の模範として、みんなこの世に集まっています。ここには、インドラも、ヴァルナも、宇宙の神々が、全員集まっているのです。

実のところ、私たちは自分そっくりの姿を神々の上に投射してきたのです。ですから、私たちこそこうした神々の原型であり、私たちこそ真の実在であり、私たちこそただ一人、崇拝《すうはい》されるべき存在であるのです。これが、ヴェーダーンタの見解であり、ヴェーダーンタの現実に根差した実践的性格なのです。私たちが自由になれば、気が狂って社会を投げ出し、森や洞窟《どうくつ》に駆け込んで虚《むな》しく死んだりする必要は、もうなくなってしまうのです。これまで居たのと同じ所にとどまったままで、全事態がすっかり把握されてしまうからです。現象は同じなのに、そっくり意味が変わってしまうのです。

私たちには、この世がまだよく分かっていないとしても、ただ自由になりさえすれば、この世の実態も、この世の本質も、おのずと理解されるのです。そうすれば、この世の掟《おきて》とか、運命や宿命などと言われるものも、実は私たちの本性の限りなくわずかな部分しか占めていなかったことも理解ができるはずです。それが事実の一面だとしても、他面にはいつも自由が存在していたのです。私たちは、それが分からないばかりに、狩りで狙われたウサギのように、地面に顔を伏せては悪から身を守ろうとしてきたのです。

私たちは根拠のない妄想によって自分の本性を忘れようとしてきたのですが、そうはいかなかったのです。私たちの本性が、いつも自分の真の姿を求めていたからです。私たちが「神」をはじめ、神々や外面的な自由を求めてきたのも、実はすべて自分の真の本性を求める行為の顕《あらわ》れだったのです。私たちは、声を聞き違えたのです。

これまで声は、火や、何らの神や、太陽や、月や、星などから聞こえてきたとばかり思っていたのに、声は自分の内から聞こえていたのだということがやっと分かったのです。この内なる永遠の声は私たちの内面にあって、永遠の自由について語り続けているのです。この内なる声の発する音楽は、永遠に響き続けています。この「永遠の魂」の発する音楽の一部が、大地となり法となり、この宇宙ともなったのですが、その同じ「永遠の魂」が、また同時にいつも私たち自身のものでもあり、これからも、そのことに変わりはないのです。

ヴェーダーンタの理想は、一言でいえば、人間の真の本質をありのまま知る、ということです。したがって、顕現《けんげん》された「神」である自分の兄弟さえ崇拝《すうはい》できない者に、一体どうして未顕現の「神」を崇拝できるだろうか、ということにもなるわけです。

「自分の眼で見た兄弟さえ愛せぬ者に、見たこともない『神』をどうして愛することなどできようか」というバイブルの言葉を、皆さんは覚えてはいないでしょうか。人間の顔に「神」を見ることができなくて、雲のなかや、生命を欠いた鈍重な物質からできた神像や、私たちの脳が考え出した単なる造り話のような物語のうちに、どうして「神」を見ることができると言うのでしょう。

私は、皆さんが男性のうちにも女性のうちにも、同じように「神」を見始めたその日から、あなた方のことを宗教心に目覚めた人物だと呼ぶでしょう。あなた方もその時になって、右頬《みぎほお》を打たれたら左の頬も差し出せという言葉の意味が分かるはずです。人間を「神」と見たら、何もかもが、恐ろしい虎でさえ歓迎されるはずです。何がやって来ても、それは自分の父や母、自分の友や子といった様々な姿をとって現れる「主」や、「永遠者」や、「祝福された者」ご自身であるうえ、それはまた、自分たちと戯《たわむ》れている私たち自身の魂でもあるからです。

ところで、私たちの人間関係が、このように神的なものとなれば、私たちと「神」の関係も、どんな形でもとれるのですから、私たちは、「神」のことを父とも母とも見なし、友とも恋人とも見なしうるようにもなるわけです。ところで、「神」のことを「父」と呼ぶより「母」と呼ぶ方が、いっそう高い理想を表しており、「神」のことを「友」と呼ぶ方が、それよりもっと高い理想を表しているのですが、最も高い理想は、「神」のことを「恋人」と呼ぶことです。

けれども、すべての理想の最高のしるしは、愛する自分と愛される相手の間にどんな違いも認めないことです。きっと皆さんも、ペルシャの古い物語を覚えておいででしょう。愛する者が恋人の家にやってきてドアをノックすると、「どなたですか」と声がするので、「私です」と応えても返事がないのです。またやってきて、「私です」と叫んでも、ドアは開けてもらえません。三度目に、またやってくると、やっと内側から声がして、「どなたでしょうか」と尋ねるので、「恋人よ、私は、あなた自身なのです」と答えると、ようやくドアは開けられたのだというのです。「神」と私たちの関係も、これと同じです。
「神」は、一切万物の内に住まわれ、一切万物でもあり給《たま》うからです。いかなる男女も、手で触れることのできる、至福に満ちた「神」なのです。「神」は知られざるものだなどと誰が言うのでしょう。「神」は探し求められるべきものだなどと、誰が言ったりするのでしょう。私たちは「神」を、もう永遠に見出しているのです。私たちは「神」の内で、永遠に暮らしてきたのです。「神」は、永遠に知られてもいれば、永遠に崇拝されてもいるのです。

ここで最後に浮かぶのが、これ以外の神の崇拝《すうはい》形態は、みんな間違いではないだろうか、という考えです。忘れてはならない大事なポイントの一つは、様々な儀礼や形態を通して神を崇拝する人たちが、どんなに未熟な人たちに見えても、やはりこの人たちも間違ってはいないということなのです。崇拝形態というのは、真理から真理へ、つまりは、低次の真理から高次の真理への旅だからです。暗闇は光が少ないだけです。悪は善が少ないだけです。不純さは清らかさが少ないだけです。どんなときにも忘れてならないのは、彼らも私たちが辿《たど》ったのと同じ道を辿っているのですから、他人のことはいつでも愛と共感に満ちた目で眺めるべきだ、ということです。

あなた方が自由であれば、遅かれ早かれ、誰もが自由になるはずだということには、気づいているはずです。あなた方が本当に自由であれば、どうして永遠ではないものを見ることなどできるでしょう。あなた方が本当に清らかであれば、どうして穢《けが》れたものが目に入るというのでしょう。内なるものは、また同時に外なるものでもあるからです。自分の内側に穢れたものを持っているのでなければ、穢れたものが目につくはずなどないのです。これもまた、ヴェーダーンタの地に足の着いた実践的側面の一つなのですから、私としては誰もがこれを自分の人生や生活に取り入れてくれたらと願うわけです。

この世での私たちの暮らしは、この理想を実地に移す点に尽きているわけですが、ここで私たちが得ている大事なポイントの一つは、私たちは不満や不平を抱えて務めを果たすのではなく、かえって満足とやすらぎをもって、たんたんと務めを果たすはずだということです。

なぜなら、私たちには「永遠の真理」が自分のうちにあることも分かっていますし、事実また、「永遠の真理」が私たちの生まれながらの権利でもあるのですから、私たちとしては、ただこの「真理」を顕現《けんげん》して、それを手で触れられるものにしさえすれば、それでいいからです。

第三部

（ロンドン講演　一八九六年一一月一七日）

私たちがチャンドギヤ・ウパニシャドで出会うエピソードの中には、ナーラダという賢者がサナトクマーラという別の賢者の所にやって来て、色々な質問をする、というものがあります。そこで問われたことのうちには、現にあるものごとの原因は果たして宗教によって解明されたのだろうか、という問いがありました。サナトクマーラは大地より高次のものが存在し、それより更に高次なものが存在し、という具合に、言わば一歩一歩ナーラダに語ることで彼を導いていきます。そしてサナトクマーラは、「アーカーシャ」の存在に帰着《きちゃく》するのです。

エーテルは光より高次な存在ですが、そのわけは、太陽も月も稲妻も星もみんなエーテルの中に存在しているからで、私たちもまたエーテルの内で生きていて、エーテルの内で死んで行くからだというのです。それでは、エーテルより高次なものが何かあるのかという問いが更に出されると、サナトクマーラはナーラダに「プラーナ」の話をするのです。

ヴェーダーンタによれば、この「プラーナ」というのは、生命の原理です。それはまた、エーテルと同様に、遍在の原理でもあるのです。体の中の運動であれ、その他どこで見られる運動であれ、運動という運動はすべて、この「プフーナ」の営《いとな》みだからです。それは、また「アーカーシャ」よりも偉大であって、一切万物は「プラーナ」を通して生きているのですが、さらにまた「プラーナ」は、母なるものの内にも、父なるものの内にも、姉妹なるものの内にも、教師なるものの内にもあって、唯一の「認識の主体」をなしているのだ、ともいうのです。

では、別の一節を読んでみましょう。シヴェータケートゥが父親に真理について尋ねると、父親は色々教えた末にこう言って結論づけるのです。「それらはみんな、こうしたものごと全ての内にあって精妙な原因となっている『彼のもの』、即ち『それ』からできているのだ。シヴェータケートゥよ、それが『一切万物』にして、ただ一つの『真理』であって、汝《なんじ》も、また『それ』であるのだ」と。彼はそれから、色々な例を挙《あ》げていきます。

「シヴェータケートゥよ、蜜蜂が色々な花から無心に蜜を集めるように、また色々な蜜たちが、様々な樹や花たちから生まれることを知らないように、私たちもまた、みんな彼《か》の唯一の『実在』に帰着しながら、そのことには気づいていないのだ。さて、実在するものはすべて、かの精妙な本質をなす『唯一の実在』の内に自らの本質を持っているのだ。『それ』、即ち彼《か》の『唯一の実在』こそが、唯一の『真理』でもあれば、唯一の『自己』でもあるのだ。そしてシヴェータケートゥよ、汝は正に、その『彼《か》のもの』、すなわち彼《か》の『唯一の実在』に他ならないのだ」と。

さらに彼は、大海に流れ入る様々な河川の例を挙げていきます。「諸々《もろもろ》の河川《かせん》はいったん、大海に流れ入ると、自分たちが色々な河川であったことを忘れてしまうが、それと同じように私たちもまた、彼《か》の『唯一の実在』から生まれると、自分が『彼《か》のもの』であることを忘れてしまうのだ。シヴェータケートゥよ、汝は正に『彼《か》のもの』に他ならないのだ」と。父親は引き続きこのように教えていきます。

さて、真の知識には二つの原理が存在します。一方の原理によれば、私たちが知識を得るのは、個別的なものから一般的なものに、一般的なものから普遍的なものにという具合に、順に高次のものに言及して行くことによっています。また、他方の原理によれば、説明を求められるものは、どんなものも、それ自身の本質から説明されるべきなのです。最初の原理を取り上げると分かるのは、実は私たちの知識は、みんな次第に高次なものへと進んで行く分類から成り立っている、ということです。何かが単独に生じるだけでは、私たちは満足しません。同じ事柄が、何度も繰り返し起こることを示すことができた時に、はじめて満足してそれを法則と呼ぶのです。リンゴが一つ落ちることに気づいても私たちは満足しませんが、リンゴがみんな落ちることが分かればその現象を重力の法則と名づけて満足するのです。実際私たちは、このようにして個別的なものから一般的なものを導きだしているのです。

宗教の研究がしたければ、こういう科学的プロセスを踏む必要があります。ここでも同じ原理が役に立つからで、事実またこの方法が一貫して用いられてきたことに私たちは気づくのです。私がこの講演のために皆さんに翻訳してきた書物を読むときにも、最初に私が辿《たど》ってきた観念は、この、個別的なものから一般的なものに進んで行く原理なのです。そこでは、諸々の「鮮明な、単一のものたち」が、ひとつの原理へと溶け込んでいく様子を私たちは見るのです。

古代の思想家たちも同じように、「宇宙、コスモス」という観念を通して、精妙な要素たちから、さらに精妙でいっそう包括的《ほうかつてき》な要素たちへと進み、こういう特殊なものたちから、ひとつの遍在するエーテルへと向かい、さらにそこから、一切を包括する力「プラーナ」に至るのです。「プラーナ」の最高形体の内に実在するのがエーテルであって、言い換えれば「プラーナ」の最高形体がエーテルになるのですが、今度は、この最高のエーテルがそこから下に向かって、さらに粗大なものへと順に変容していくのです。

人格神の一般化ということもこうした二重の説明を必要とする現象のもう一つの適例となっているのです。私たちがこういう一般化にたどり着いて、それがあらゆる意識の総体と呼ばれるようになっていく次第については、すでに見た通りです。

ところが、ここで難題が一つ持ち上がります。

それは、その一般化は不完全な一般化ではないのか、というものです。私たちは、自然の諸々の事実のうち、意識の事実という、ただ一面だけを取り上げて、それを基に一般化を行っているだけで、その他の面が置き去りにされているからです。だとしたら、何よりも、それは諸々の事例を網羅《もうら》することのない欠陥《けっかん》のある一般化だということになるわけです。

それだけではありません。まだ不十分な点があって、それは第二の原理に関わるものでして、どんなことも、それ自身の本質から説明されるべきだ、というのがそれなのです。地面に落ちたリンゴは全部、幽霊が引っ張り落としたものだと素朴に考える人たちがいたとしても、ここで必要なのは、やはり重力の法則という物自身の目に見えない本質からの説明なのです。確かに、幽霊に訴える説明は完全な説明とは言えませんが、それが他の説明よりずっと優れているのは、この説明がそれなりに物自身の本質から引き出されているのに対して、他の説明はそのものとは無縁の原因を仮定しているからです。

同じことが、私たちの知識の全領域を通じても当てはまるのです。物の本質に基づく説明は、科学的な説明だと見なされるのに対して、何か外部のものだけに訴える説明は、非科学的な説明だと見なされることになるからです。

従って「人格神」が宇宙の創造主だとする説明も、この二重のテストに耐えるものでなくてはなりません。けれども、こうした「人格神」は、自然の外側にあって自然とは何の接点もないとされるため、いきおい、この自然はそうした「人格神」の外からの命令によって無から産み出されたものだ、ということにもなってしまうわけです。これでは、極めて非科学的な理論となってしまうため、こうした説明が幾時代にもわたって、あらゆる「有神論」的宗教のウィーク・ポイントだとされてきたのです。

一般的には、一神論とも言われる人格神論のうちでは、人間の持っている性格が、すべてに増幅される上、その人格神は、この宇宙を自らの意志によって無から創造しておきながら、自分はそれとは接点が無いのだともされるために、欠陥が二つ指摘されて、私たちはここから難題を突きつけられることになるわけです。

すでに見た通り、第一に人格神論というのは十分な一般化にもなっていませんし、第二に自然に即《そく》した自然の説明にもなっていないのです。人格神論によれば、結果は原因とは別で、原因も結果とは全く別であって、神という原因と自然という結果は、無限で永遠の造物主と有限で束の間の被造物という、互いに本質を異にする異質の存在同士であるというのです。しかし、人間の知識がこぞって示しているのは、結果というのは原因が別の形をとったものでしかない、ということです。

近代科学の発見は、日に日にこの考え方に傾いていて、あらゆる面で受け入れられてきた最新科学の進化論でも、その原理においては、結果というのは原因が再調整されたもののことでしかなく、原因が別の形を取ったもののことでしかない、とされているのです。無からの創造などというのは、近代科学者からしたら、ただの笑いの種にしかならないでしょう。

では、宗教そのものはこういう検証に耐えられるでしょうか。この二つのテストに耐えられる宗教理論が何かあるとすれば、それは近代人の理論的な考え方にも、受け入れ可能なものとなるはずです。神官や教会や書物の権威《けんい》などに基《もと》づいて、ただ信じろと求める他のどんな理論も、近代人には受け入れられないので、かえっておぞましい不信仰が蔓延《まんえん》することになってしまいます。外面的には、立派に信仰を表明している人たちの間でさえ、不信の念が恐ろしいほど広がっているのです。その他の者は宗教から身を引き、それを聖職者の戦略でしかないと言って、もう信じることなど諦《あきら》めてしまうのです。

宗教は、一種の国家形態にまで還元されてきました。それは、私たちのまさに最高の社会的遺物の一つとなっているのです。そんなものは放っておけばよいのです。

近代人の先祖たちが、それに対して感じた本当の必要性などもう無くなっており、彼の理性を満足させるものは見つからないのです。一般に、あらゆる宗教で一神論として知られるような「人格神」とか「天地創造」といった観念は、もはや成り立つことができないのです。

インドでは、仏教徒の影響で、宗教はしばらくの間成り立つことができなかったのですが、古代において彼らが勝利を手にした正にその核心も、その非人格神論的な性格にあったのです。自然には無限の力があるのですから、必要なことならどんなことでもやってのけられるはずだと、私たちが認めれば、自然の他に何かあると主張する必要など、率直に言ってなくなってしまうことを彼らは示したのです。超物質的で、永遠の魂なるものさえ不要だと、言ったのです。

実体（物体）と属性（性質）をめぐる議論は遠い昔からあるもので、皆さんは、昔ながらのおかしな議論が、今なお見られることにお気づきになることもあるでしょう。中世を通じて、また残念なことに、ずっと後になってからでも、次のような問題が延々《えんえん》と議論のテーマにされてきたことは、ものの本などで、皆さんもお読みになっていることでしょう。

様々な属性が実体に付着したのだろうか。

長さと幅と厚さが、物体と呼ばれる生命なき物質に付着したのだろうか。実体（物体）は、諸々の属性（性質）が付着していてもいなくても、変わることなく存在し続けているのだろうか……。

これに対して、仏教徒はこう言うのです。「そのような実体が存在するという主張には何ら根拠《こんきょ》がない。存在するのは、諸々の性質のみであるからだ。諸々の性質を超えて見えるものなど何もない」と。

これは、近代不可知論《ふかちろん》の採る立場そのものです。なぜなら、より高度な次元では本体と現象をめぐる論争という形をとることになるのも、正にこの実体（物体）と属性（性質）をめぐる論争に他ならないからです。これらの論争では、一方は絶えざる変化変滅《へんめつ》の宇宙である現象界こそが真に存在するのだと言い、また他方は変化することのない、背後の何かこそが真に存在するのだと言うのです。またこれとは別に、本体と現象という実在の二重性こそが真実なのだと主張する議論もあれば、より優れた理由をもって、次のように主張する議論もあるのです。否、これら二つの世界を認める権利など、あなた方にはないはずだ。私たちが、見たり、感じたり、考えたりするのは、みんな現象の世界でしかないからで、現象を超えて何かが存在するのだと主張する権利は、誰にもないはずだと。こう言われたら返す言葉はありません。

私たちが手にする唯一の答えは、ヴェーダーンタの不二一元論なのです。これは、次のように主張するのです。たしかに、形式的な矛盾の原理からしたら、ただ一方しか存在せず、その一方というのは、現象と本体のどちらか一方なのだから、変化のうちにあるものと変化のうちにあって、当の変化をこうむりながらも変化することのないものとが、二つながら同時に存在すると言うのは、正しくないことになる。

だが、実をいえば、変化していると見える現象も、実際には不変のものと見える本体も、同じ一つのものなのだと。

私たちは、体と心と魂は、それぞれ別々のものだと考えるようになっているのですが、実はこれらは一つなのです。この一つのものが、これら多様な形態のそれぞれを通して、別々の形で現れているにすぎないのです。

蛇の姿をとって現れている縄という、一元論者がよく訴《うった》える例を引いてみましょう。暗がりの中とか、何か別の原因などのせいで、縄を見て蛇だと勘違いする人がいたとしても、正しい認識が成り立てば、蛇の姿は消えて縄の存在に気づきます。この例で分かるのは、心の内に蛇が存在するときには縄は消えて、心の内に縄が存在するときには蛇が消えるということです。

現象を見ているときは、周りにはただ現象しか存在せず、本体は消えています。ところが、不変の存在として本体を見ているときには、当然ながら現象は消えているわけです。ここで私たちは、実在論者の立場も、観念論者の立場も、ただの見方の違いという立場からこれまで以上によく理解するようになるのです。

実在論者というのは、ただ現象だけを見ている人のことで、観念論者というのは、ただ本体だけを見ている人のことであるからです。観念論者にとって、つまりは、それによって変化という観念をすっかり払拭できたという認識力に真に到達している、生粋《きっすい》の観念論者にとっては、変化に満ちた宇宙は、すでに消えているのですから、そんな世界は、そっくり幻想で変化など何も存在しないのだと言う権利があるのです。一方、実在論者は、変化に満ちた世界を見つめています。彼にとって、不変の宇宙は消えているのですから、眼の前の世界は、そっくり実在の世界なのだと言う権利が、彼にもあるのです。

さて、この哲学の帰結《きけつ》は一体どうなるのでしょうか。そもそも「人格神」の観念は不十分だというのがその帰結です。私たちは、もっと高次なもの、すなわち、「非人格的観念」にまで、一段上がることが必要なのです。ただ、それのみが私たちが採《と》ることのできる論理的ステップであるからです。それによって人格的観念が粉砕《ふんさい》されるわけでも、それによって「人格神」など存在しないという証明が提出されるわけでもないのですが、ただ、人格的なものを説明するためには、いったん非人格的なものにまで向かう必要があるのです。

「非人格的なもの」というのは、「人格的なもの」より遥かに高次の考え方だからです。つまり、「非人格的なもの」だけが「無限な」存在でありうるのに対して、人格的なものというのは、有限な存在でしかありません。従って私たちは、一段高い立場に立つことによって、かえって人格的なものを保存することになるのであって、これを粉砕するわけではないのです。それでも私たちは「非人格神」という観念に帰着《きちゃく》すれば、人格的なものは粉砕されてしまい、「非人格的な人」という観念に帰着しても、やはり人格的なものは消えてしまうのではないだろうかと疑問にかられることも多いのです。

けれども、ヴェーダーンタの観念は、個別的なものを粉砕するどころか、かえって個別的なものの真の保存をはかるのです。私たちは、普遍的なものに訴える以外に、つまりは、この個別的なものこそ、真に普遍的なのだと立証すること以外に、他のどんな手段によっても個別的なものの存在を立証することはできないからです。もしも私たちが、個別的なものは、この宇宙の他のどのようなものとも切り離されているのだと考えたとしたら、そんな考えは一分たりとも成り立ちません。第一、そのようなものが実在したことなど一度もないからです。

さて、物事の説明は、その事物の本質に由来するものでなくてはいけないとする、知識獲得の第二の原理、を採用すると、私たちは、これまで以上に大胆で一層理解しにくくもある観念に帰着《きちゃく》することになるのです。

つまり、「私たちの最高の概念である『非人格的存在』が私たちの内に存在しているのであって、私たちは正に『それ』に他ならないのだ」とする観念がそれなのです。「シヴェータケートゥよ。汝は『それ』である」。皆さんも、この「非人格的存在」であるのです。

あなた方が、宇宙の果てまで探し続けてきた彼《か》の「神」とは、常に、他でもなく、あなた方自身のことなのです。ただし、それは、人格的な意味での生身のあなた方自身のことではなく、「非人格的存在」としてのあなた方自身のことではあるのですが。

私たちが今知っている当の人物は、顕現《けんげん》された存在として人格的な姿をとっているのですが、この人物の本質はあくまでも「非人格的存在」であるのです。人格的なものを理解するためには、それをいったん「非人格的存在」にまで差し向ける必要があり、特殊なものは、一般的なものにまで遡《さかのぼ》ってあらわされなければならないのです。そしてはじめて彼《か》の「非人格的存在」こそ人間の「真の姿」であり、人間の「本来の自己」なのだと理解されるからです。

これに関連して色々な疑問が出てくるでしょうが、それらについてはこれから答えていくことにしましょう。やっかいな疑問が色々出てくるはずですが、まずは一元論の立場をはっきり理解しておくことに致しましょう。

顕現《けんげん》された存在として、私たちは互いに別々の存在に見えますが、本来はひとつなのですから、自分が彼《か》の「究極の唯一者」から切り離されているのだと考えなければ考えないほど、良い方向に進むのです。逆に、私たちは彼《か》の「究極の全体者」から切り離されているのだと考えれば考えるほど、惨めになるのです。私たちは、こういう一元論の原理から、はじめて倫理《りんり》学の基盤に達するのであり、あえて私は、これ以外のところからではどんな倫理学も得られないと断言しておくことに致しましょう。

倫理学の最古の観念が、ある特定の存在や存在たちの意志にあったことは知られていますが、最近では、そのような意見は部分的な一般化にすぎないからといって、受け入れる者がほとんどいないのです。

ヒンドゥ教徒は、『ヴェーダ聖典』でそう言われているのだから、あれこれのことをしてはいけないのだと言います。けれども、クリスチャンは、『ヴェーダ聖典』の権威には従おうとしません。この人たちは、『バイブル』でそう言われているのだから、あれこれのことをしたらいけないのだと言うのです。でも、これは、『バイブル』の言っていることを信じない人たちには拘束力《こうそくりょく》がないでしょう。

ですから、私たちにはこれら様々な部分的根拠をすべて受け容れてくれるような、大きな理論が必要になるのです。「人格的創造神」の存在を進んで信じる人たちが何百万人もいるように、この世には、そのような観念は自分たちには不十分な観念であって、もっと高次な観念が欲しいと感じている、この上もなく明敏《めいびん》な心の人たちも何千人と存在してきたのです。ですから、宗教の懐《ふところ》が、こうした心の人たちを受け入れるほど広くはないところでは、社会の最も明敏な心の人たちは、常に宗教の外に身を置く結果となって、とくにヨーロッパではこうした傾向が今ほど顕著《けんちょ》になったことはありませんでした。

こういう人たちを自らのうちに包み込むためには、宗教は寛容なものになる必要があるわけです。そうした宗教が主張することは、すべて理性の見地から判断されるのでなければなりません。宗教は、理性の見地に留まる必要はないなどという主張が成り立つはずはないのです。人が理性の見地を受け容れなかったら、真の判断は何も成り立ちません。

宗教の場合でも同じです。ある宗教は、あることを、極めて悍《おぞ》ましいことだと定めるかもしれません。例えば、マホメット教は、マホメット教徒たちに、自分たちの宗教に属していない者は全員殺してもかまわないとしています。「不信神者は、マホメット教徒にならなければ、殺すのだ」とコーランでもはっきり言われているのです。「そんな輩《やから》は、火と剣にさらすべし」と言うのです。さて、私たちがマホメット教徒に、それは間違っていると告げたら、当然ながらこう応えるでしょう。「どうしてお前なんかに、そんなことが分かるのだ。どうしてお前などに、それが良くないことだと分かるというのだ。わが『コーラン』でも、そう言っているというのに」と。これに対してあなた方クリスチャンが、自分たちの『バイブル』の方が、もっと古くて権威があるのだと言えば、仏教徒がやってきて、いや、私たちの『仏典』の方がずっと古くて、もっと権威があるのだと言うでしょう。すると今度は、ヒンドゥ教徒がやってきて、私たちの『ヴェーダ聖典』こそ、全ての書物の中で一番古いのだから一番権威があるのだと言うでしょう。そういうわけで、書物の古さに言及しても、何の役にも立たないことが分かります。

では、比較の基準になりうるものは一体どこにあるのでしょう。あなた方クリスチャンは、山上の垂訓《すいくん》に注目せよと言うでしょう。するとマホメット教徒はこれに応えて、コーランの倫理体系に注目せよと言うでしょう。だがマホメット教徒でも、この二つの判断基準のうち、どちらが優れているかについては、誰が仲裁してくれるのだろうかと言うはずです。『新約聖書』も『コーラン』も二人の言い争いの仲裁役にはなりえないのだとすれば、何か独立した権威が必要になるわけです。ここでは、どんな書物でもなく、何か普遍的なものが、独立した権威となってくれるはずです。

では、私たちが頼りとする理性以上に普遍的なものが何かあるのでしょうか。ここで私が思い出すのは、あるローマ・カトリック教徒から言われた次の言葉です。「これまでも、理性は十分強くはないと言われてきた。理性は、どんな時にも私たちが『真理』に到達する助けになってくれる、というわけではないからだ。従って、理性でさえたびたび間違いを犯すのだから、私たちとしては教会の権威を信じるしかない、というのが結論だ」けれども、言われている論理を納得することは、私にはできませんでした。私としては、むしろこう思うからです。「理性がそんなに弱いものなら、僧職者集団の方がもっと弱いはずだ。だから、私としては彼らの判断を受け入れる代わりに、自分の理性に従うことにしよう。理性がどんなに弱くても、理性を通して真理に達するチャンスは多少なりともあるのに対して、理性以外の手段では同じことは決して望みえないからだ」

そのようなわけで、私たちは単に理性に従うだけではなく、理性に従って、いかなる信仰をも受け入れないといった人たちに共感することも、同じように必要だ、ということになります。なぜなら、誰かの権威に基づいて二千億体もの神々を盲目的に信じるぐらいなら、いっそ、理性に従って無神論者でいる方が、まだましだからです。

私たちが望むのは、進歩であり、発展であり、成就・実現・悟りなのです。これまでに人類を高めてくれた理論などひとつもありません。どれだけ書物を積んでも、私たちが浄化される力にはなってくれないからです。

唯一役に立つ力は、本来の自己を悟って、これを実現することのうちにあり、その力は私たち自身のうちで自らものを考えることに発するのです。したがって人類にはものを考えるよう促《うなが》すことです。土塊《つちくれ》がものを考えたりすることはありません。土塊は、土塊のままでしかないからです。人類の栄光は、自らものを考える点にあるのです。ものを考える点にこそ人類の本質はあって、その点で動物とは違っているのですから、私は理性の力を信じるだけでなく、権威に基づく諸悪をさんざん見てきた当の理性に安んじて従いもするのです。不幸にも私は、権威に基づく諸悪が行きつく所まで行ってしまった国に生まれたからです。

ヒンドゥ教徒は、天地の創造は『ヴェーダ聖典』から生じたのだと信じています。牛の存在は、どのようにして知られるのか。牛という言葉が、『ヴェーダ聖典』の中にあるからだ。では他に、人間のいることは、どのようにして知られるのか。人間という言葉も、『ヴェーダ聖典』の中にあるからだ。人間という言葉が、そこになければ、ほかにも生身の人間のいることなど、なかったはずだ……。

何という極端な権威でしょう。『ヴェーダ聖典』の権威は、私がしたのと同じような仕方で研究されているわけではなく、それどころか、理性という最もパワフルな精神を秘めた人たちのうちにも、『ヴェーダ聖典』を取り上げて、その周りに驚くべき理論を論理的に紡《つむ》ぎあげた人たちがいるのです。『ヴェーダ聖典』は、彼らによって論理的に考えぬかれた結果、すべてそのまま、哲学の一体系になっているほどなのです。この上もなく輝かしい何千人もの知性が、何千年もの年月にわたって、この理論の完成に捧げられてきたのです。

権威の力はこれほどであったのですから、その絶大な危険性たるや推《お》して知るべし、です。それは人類の成長を一気に阻害するからです。ここで肝に銘じておかなくてはいけないのは、私たちは成長を望んでいるのだということです。どんな相対的真理のうちにあっても、私たちが真理そのもの以上に必要としているのは、真理の現場検証なのであって、他でもなく私たちの実人生がその現場となるのです。

一元論の長所は、私たちが思いつくどんな宗教理論よりも合理的だという点にあります。神についての他のどんな理論も、神についての部分的で偏狭《へんきょう》などんな人格的理論も、合理的な理論ではありません。そんな中で、一元論には神についてのこういう部分的な考え方も、多くの人たちには必要なものとして、すべて受け入れてしまうだけの懐《ふところ》の広さがあるのです。とは言え、そんな人格的な説明など、非合理的な説明ではないかという人がいても、神についての人格的説明には、人を慰《なぐさ》める力があるのです。多くの人は、慰めの宗教を求めているのですから、この人たちには神についての人格的説明がやはり必要だというのは、もっともなことなのです。この実人生で、真理の明確な光に耐え得る人は、ごく稀《まれ》で、その光に恥じないだけの暮らしを実践できる人となったら更に稀なのです。だからこそ、こういう慰めに満ちた宗教がどうしても必要になるのです。それは、多くの魂を、より優れた魂にしてくれます。事情がごく限られていたため、生きていくのに必要なものもなかったような、無知な人たちには、想いをあえて高く発展させるゆとりもありません。それでも、彼らの考え方は、どんなにささやかな神々や、どんなにささやかな神像を巡るものであっても、極めて善良で、極めて有用なものなのです。

しかし、あなた方は、これに留まるのではなく、「非人格的なもの」を的確に理解する必要があるのです。なぜなら、その理解を通して、はじめて他の考え方の説明もできるからです。

例えば「人格神」という観念をとってみましょう。「非人格的なもの」への理解と信仰のあるジョン・スチュアート・ミルのような人なら、「人格神」の存在など、成り立ちもしなければ、証明することもできないではないかと、言うかもしれません。「人格神」の存在が論証不可能だという彼の意見には私も賛成ですが、何といっても「人格神」というのは、人間の知性が到達しうる「非人格的なもの」についての最高の解釈《かいしゃく》なのです。心を持った人格的宇宙というのも、非人格的な「絶対者」についての多様な解釈にほかなりません。

宇宙は、私たちの前に開かれた一冊の書物に似ています。各人は、自分の知性を傾けて、それを解読《かいどく》しているのですが、それを自分のために読みとらなくてはならないのです。

ところが、人間の知性には何か共通のものがあるために、ある特定のものごとは同じように見えるのです。あなたも私も同じ一つの椅子を見るのは、二人の心に共通のものがある証拠です。ある存在が、私たちとは別の感覚を持って登場すれば、その存在には椅子の姿がまったく見えないでしょう。しかし、造りが同じような存在なら全員が同じものを見るはずです。

この様に、この宇宙そのものは、その本質においては同一的で永遠不変な「絶対者」であって、(それ自体において存在する)「本体」なのですが、それについての読解《どっかい》が、有限で多様な「現象」を構成するのです。というのも、どんな現象も有限だということには、皆さんも真っ先に気づくはずだからです。

私たちが、見たり、感じたり、考えたりすることのできる現象は、私たちの認識による限定を受けた、有限な現象であって、私たちが「非人格神」をもとに思い描く「人格神」も、やはり一つの有限な現象であることに変わりはないのです。因果性という観念でさえ、現象的世界においてしか存在せず、この宇宙の原因としての神でさえ、結果に限定された観念と見なされなければならないわけです。

とはいえ、「彼《か》の者、ブラフマン」は、既に見たとおり、永遠・不変の変わることなき同一の「非人格神」なのであって、この宇宙そのものも、(その本質においては)私たちの知性によって一時的に解読された、永遠・不変の変わる事なき「非人格的存在」なのです。この宇宙にあって、その実相をなしているのは、何事によらず、彼の「非人格的存在」なのであって、その形態や考え方はすべて私たちの知性がそれに与えたものばかりなのです。

このテーブルにおいてその形、大きさ、重さ、色、材質などの一時的で仮そめの形態の実相をなしているものも、すべて彼の「非人格的存在」であって、テーブルの形態も、他のすべての形態もみんな私たちの知性によって与えられた二次的なものばかりなのです。

また、現象に必然的に伴われる運動をもって「普遍的存在」の決め手とすることは不可能です。宇宙のどんなにささやかな小片《しょうへん》も、宇宙を構成するどんな原子も、絶えざる運動と変化の状態にあるからです。しかし、運動や変化が相対的であるのだとしたら、一つの全一体としての宇宙は、永遠不変の存在だとなるわけです。

運動しているものについて考えるためには、運動していないものとの比較が必要になります。運動について理解するためには、二つのものが不可欠なのです。

宇宙の総体は、一つの単一体と見なせば、運動とは無縁です。自分より他のものを知らない単一体は、何に対して動くというのでしょう。それは動くとは言えないはずです。単一体は、何に対して変化するというのでしょう。それは、変化するとは言えないはずです。したがって、単一体というのは、運動とも変化とも無縁な「絶対者」のことだということになるわけです。しかし、絶対者のうちにあっては、どんな小片も絶えざる流動と変化の状態になるのです。「絶対者」でもある全一体は、不変の相と変化の相を併《あわ》せもち、「非人格性」の相と「人格性」の相を一体化させているのです。これが、宇宙についての、運動についての、神についての、私たちの考え方であり、この考え方こそ、「汝は、それなり」という言葉の真義でもあるのです。

私たちは、このようにして、人格的なものを否定することのない「非人格的なもの」のみが、また、相対的なものの価値を引き下げることのない「絶対的なもの」のみが、「汝は、それなり」の真の説明として、私たちの理性と心情を十分納得させてくれることを理解するのです。

「人格神」も、宇宙に存在するどんなものも、その本質においては私たちの心を通して眺《なが》められた、同じ一つの「非人格的存在」に他ならないのです。私たちが自分の心を解放し、自分のささやかな人格を解放した暁《あかつき》には、私たちは究極の実在「それ」と、すなわち「ブラフマン」と一つになるはずです。正にこれが、「汝は、それなり」の言わんとしていることなのです。実践的ヴェーダーンタが示しているように、私たちは、皆自分の真の本質である「絶対者」を知ることを、この世にあって地に足の着いた暮らしをするための真に実践的な叡智《えいち》として、求められているのです。

ところが、有限で顕現《けんげん》された人間は自分の源を忘れて、自分が自らの源から完全に切り離された存在だと思いこんでいるのです。私たちは、人格化され、差異化《さいか》された存在と考えている限り自分の真の姿を忘れているのです。一元論の教えは、こういう差異化は、捨て去るかわりに、その実相を学ぶことが必要なのだと説いているのです。

実に、私たちは、彼《か》の「無限の存在」なのであって、私たちの人格は、彼《か》の「無限の実在」が「それ」自身を顕現するときの、多様極《きわ》まりない方向を表しているのです。そして、私たちが進化と呼んでいる変化の総体は、自らの無限のエネルギーをますます多く顕現《けんげん》しようと努めている私たちの内なる無限者でもある「魂」によって、もたらされるのです。

「無限者」自身の、この進化という側面においては、私たちが立ち止まれる場所など、どこにもありません。私たちのパワーも、祝福も、叡智《えいち》も、ただ成長して、本来の「無限者」の内へと統合されて行くほかないのです。とはいえ、無限のパワーも、無限の存在も、無限の祝福も、元々、すべて私たち自身のものなのですから、私たちは何もわざわざ成長を目指してそれらを獲得するには及びません。それらは、元々私たち自身のものなのですから、ただ顕現するだけでよいのです。

これが、一元論の中心をなす考えなのですが、なかなか理解しにくいものでもあります。子供の頃から、周りの誰もが私に弱さを説いて聞かせました。私は生まれたときから、お前は弱い存在なのだとずっと教えられてきたのです。私には、今でも自分の力を理解して、これを実現するのはとても難しいのですが、私は分析と推理によって自分の力についての知識を得て、これを現実のものにしてきたのです。

この世で私が身につけている知識は、すべてどこから来たのでしょう。それらは、みんな元は自分の中にあったものばかりなのです。一体、どんな知識が自分の外にあるというのでしょう。何もないではありませんか。

知識は、物の中にはありませんでした。それは、いつでも人間の中にあったのです。これまでに知識を創り出した者など一人もいなかったのです。人は知識を自分のうちから引き出してくるのです。それは、自分の内にあるのです。

何エーカーもの大地に広がる、あの巨大なバニヤンの樹の全体も、元はといえばおそらく芥子《からし》の実一粒の八分の一にも満たない小さなものでした。そのエネルギーの塊が、そっくり、その中に閉じ込められていたのです。

原形質細胞の内には、途方もなく巨大な知性が螺旋《らせん》状となって存在していることが分かっています。とすれば、そこには無限の知性が秘められていて当然でしょう。事実また、その通りであることも分かっています。それは、一つの逆説のように見えますが本当なのです。私たちは、一つの原形質細胞から生まれてきたのですから、私たちが身につけている力は、すべて、その中で螺旋状をなして存在していたのです。

それらの力は食べ物からやってきたのだと言うわけにはいきません。食べ物を山のように積み上げても、そこからどんな力が出てくるというのでしょう。そこには、エネルギーが潜在していることは確かでも、ただ潜在しているだけなのです。

人間が、それに気づいていようといまいと、人間の魂には、同じように無限の力が潜在しているのです。それが顕現するかどうかは、それに気づくかどうかの問題でしかありません。人間という名のこの無限の巨人は、ゆっくりとではありますが、目を覚まして自分の力に気づいた末に自らを奮い立たせているところなのです。

意識が増大するにつれて、人間を拘束していた鎖は、徐々に断ち切られつつあり、今や鎖はバラバラに解《ほど》け散ってしまおうとしているのです。ですから、この巨人が無限の力と叡智《えいち》を完全に自覚して、自らの足で立ち上がる日がやって来ることは、火を見るより明らかなのです。さあ、私たちは、みんなで、この栄光に満ちた結末を一刻も早く見届けることにしようではありませんか。

第四部

（ロンドン講演　一八九六年一一月一八日）

私たちはこれまで普遍的なものを重点的に取り上げてこれを話題にしてきました。今朝は、普遍的なものに対する特殊なものの関係をヴェーダーンタではどう考えるか、これを示してみよう思います。

すでに見てきたように、ヴェーダ理論の初期の形式であった二元論では、どんなものにも輪郭《りんかく》のはっきりした特定の魂が一つあるのだとされていました。各個人にそなわった特定の魂という事では実に多くの議論があるのですが、なかでも中心をなしたのは古代ヴェーダーンタ学者と古代仏教徒の間の論争でした。前者が個々の魂はそれ自体で完全なものだと考えるのに対して、後者はそのような個別的な魂など存在しないと考えたのです。

先日お話ししたように、ヨーロッパにも実体と属性をめぐって、ほぼ似たような議論がありました。一方が諸々の属性の背後には実体といったものが存在していて、それらの属性はその実体に含まれているのだと主張したのに対して、他方は実体などという存在は無用の長物で、諸々の属性は自力で存続すると考えられるからだ、と主張したのでした。

魂をめぐる最も古い時代からあった理論は、言うまでもなく「私は私」だとする自己同一性の議論に基づくものでした。昨日の私は今日の私であり、今日の私が明日の私になるのだという理論で、体にはどんな変化が起こっても、私は依然として同じ私なのだと信じる、という理論がそれでした。限定されてはいても百パーセント完全な個人の魂という存在を信じる人たちも、この自己同一性の議論を主張してきたのだと思われます。

これに対して、古代の仏教徒はこのような自己同一性の仮説など不要だと説きました。私たちの知っているものはすべて、また私たちの知りうるものもすべて、いま眼にしているような変化するものばかりなのだという議論を推《お》し進めたのです。変化することもできず変化することもないような実体を立てるのは、ただの表面的な議論であって、仮に何かそのような変化することのできない物があったとしても、私たちにはそのような物を理解することも、どんな意味においてであれ、そのようなものに気づくこともできないだろうというのです。

現代のヨーロッパにおいても、一方の宗教を信じる者たちや観念論者（理想主義者）たちと、他方の近代の実証主義者たちや不可知《ふかち》論者たちの間で、同じような議論が行われているのに気づくでしょう。

前者は変化しないものも存在するのであって（このように説く最新の代表的人物は、ハーバート・スペンサーですが）、私たちは現に変化することのできないものを垣間見ているのだと信じているのに対して、後者は近代のコント主義者や不可知論者たちに代表される議論で、恒常不変の普遍的なものなど存在しないとする立場です。

数年前にハーバート・スペンサーとフレデリック・ハリソンの間で行われた論争に興味を持たれた方はお気づきになられたことでしょうが、この論争も一方が変化するものたちの背後に実体の存在を認めるのに対して、他方はそんな実体の存在を認めるような仮説は不要だとする、昔からある同じ難問の蒸《む》し返しだったのです。一方が変化しないものを想定せずに変化について考えることなど不可能だと言うのに対して、他方はそんな主張は表面的な主張で、私たちにはただ変化ししつつある物についてしか思いつけず、変化していない物などについては知ることや感じることは無論のこと、気づくことさえできないのだというわけです。

インドでは昔から、この大問題の解決が見つからなかったのは、諸々の属性の背後にあって属性とは別だとされる実体の仮説が実証不可能でもあれば、私が昨日の私と同じであるのは記憶から言って確かなのだから、私は一つの連続的な存在であったのだとする、記憶や、自己同一性の議論でさえ、実証不可能でもあったからです。

また別に広く唱えられているものとしては、例えば「私は行《おこ》なって」、「私は行って」、「私は夢を見て」、「私は動いて」といった一連の文章を採り上げて、行なって、行って、夢を見て、といった一連の行為は、みんな変化をたどって来たのに、これらの行為の主語・主体をなす「私」だけは、変化しないままに留まっているではないかと言ったりする、ただ言葉の上だけで成り立つ詭弁《きべん》的な論理もあるのです。こういう主張をする人たちは、このような「私」はそれ自体で存在する一個の永遠不変な個人なのだと主張するわけです。これは、一見とても説得的で明快な議論ではあるのですが、言葉の遊びに基づくものでしかありません。「私」という言葉と、「行《おこな》って、行って、夢を見て」といった言葉は、白と黒のように別々に分れてはいても、心の内では誰もこれらを別々に切り離したりすることはできないからです。

私が物を食べるときは、自分は物を食べているのだと考えます。つまりは、私の存在は、自分が食べる行為と同一化されているわけです。私が走る時も、私と走る行為は二つの別々の事柄ではありません。ところが、このように人格の同一性からの議論は、食べる行為と走る行為のように、主体の行為が異なれば、人格の同一性は不連続の異なったものになってしまうのですから、さほど強力なものとは思われません。

また別の、記憶からの議論もやはり説得力に欠けています。私の存在の同一性が自分の記憶によって表されるのだとしたら、自分が忘れてしまっている多くの事柄がこの同一性から抜け落ちてしまうことになるからです。また、ある状態の下にある人たちは自分の過去をすべて忘れてしまっていることも、私たちは知っています。精神障害のケースでは、当人が自分のことをガラスでできているとか、動物なのだと思ったりしていることがよく見られるでしょう。その人の存在が記憶に基づいているのだとしたら、その人は事実に反してガラスになってしまっているわけですから、私たちとしては「本来の自己」の同一性が、記憶のようにたよりないものに基づいているのだとするわけには参りません。

ここからも分かるように、限定されてはいてもそれ自体で完結した一個の連続的な同一体としての魂を諸々の属性とは別個のものとして確定することは無論のこと、一群の属性が賦与《ふよ》されるような、切り詰められて限定されてしまった存在を確定することも、やはり不可能なのです。

そこにいくと私たちは、一群の属性を超えたどんなものも知らないし、また知ることもできないのだとする古代仏教徒の議論の方が、説得力において一段上のようにも思われるのです。彼らによれば、魂は感覚と感情と呼ばれる一群の属性からなっていて、そういう属性のかたまりが魂と呼ばれて、絶えざる変化を続けているのだというのです。

これに対して、魂をめぐる不二一元論者（アドヴァイティスト）の理論は今述べた二つの立場をともに調停するものです。不二一元論者の立場によれば、確かに実体と属性を切り離して考えることはできず、変化と不変化を同時に考えることもできないが、実体といわれるものはそれ自体属性のことでもあって、実体と属性は二つの別々のものではないのだというのです。変化しうるもののように見えているものも、その本質においては変化とは無縁のものであって、宇宙を構成している、変化とは無縁の実体も、宇宙とは別の存在ではないのです。
本体と現象は、別々の存在であるどころか、他ならぬ本体が現象となっているのです。変化とは無縁の魂は存在するのですが、感情や知覚と呼ばれるものをはじめ体と呼ばれる変化と共にあるものさえ、実は視点を変えれば変化とは無縁の魂そのものでもあるのです。私たちは、自分には体と魂が二つ別々にあるのだとする癖を身につけてしまっていますが、実を言えばただ一つのものしか存在しないのだと不二一元論者は主張するのです。

私が自分のことを体だと考えているときには私は体でしかないのですから、私が何かそれ以外のものだということは意味をなしません。また私が自分のことを魂だと考えているときは、体は消え失せてしまっているのですから、体をめぐる知覚も無くなっているのです。体を巡る知覚が消えてしまうことなしに「本来の自己」に気づくことなど誰にもできませんし、諸々の属性を巡る知覚が消えてしまうことなしに実体の存在に気づくことも誰にもできないのです。

蛇と間違えられた縄をめぐる不二一元論の説明が、この議論の要点をさらに明らかにしてくれるでしょう。人が縄のことを蛇だと勘違いすれば縄は消えてしまいますが、蛇のことを縄だと勘違いすれば蛇は消えて縄が残るわけです。存在を二重に考えたり三重に考えたりする多元論的な観念は、不十分なデータを元にした推理に由《よ》るのです。私たちがそうした観念を書物で読んだり人から聞いたりして、まともに受け取るのは、私たちが本当に魂と体を別々に知覚しているのだという錯覚に晒《さら》されている間のことでしかありません。でも、そんな二重の知覚など絶対に実在することはないのです。知覚というのは体についての知覚であるか、魂についての知覚であるかのどちらかであるからです。これを立証するのにはどんな議論も不要です。皆さんは、これをご自分の心で確証することができるはずです。

ご自分のことを魂なのだと、つまりは肉体を持たない存在なのだと、考えようとしてごらんなさい。そんなことはほとんど無理だと思われるでしょう。そうすることのできるわずかな人たちは、自分が魂なのだと悟った時は体のことなど念頭にないことに気づくはずです。皆さんも特別な折に、深い瞑想や自己催眠、ヒステリー状態や薬物などによって引き起こされた奇妙な精神状態のうちにあった人たちのことは話に聞いたり、ことによったらご自分の目で見たりしたことがあるでしょう。そして、この人たちの経験から当人にとって内的なことに気づいている時には、外的なことは消え失せているのだろうなと思っていることでしょう。

ここからも分かるのは、真に実在するのは、常に如何《いか》なる分裂とも無縁な存在、即ち一つなのだということです。その一つが多様な形をとって現れているのでして、そうした多様な形のすべてが原因と結果の関係を生み出しているのです。原因と結果の関係は進化の関係と同じなのです。一方が他方になり、その他方が、別のものに……という具合に進んでいく関係と。

原因が消えてしまって、その代わりに結果だけが残ることもあります。魂が体の原因だとしたら、魂がしばらく消えて体だけが後に残るわけで、逆に、結果としての体が消えれば、原因としての魂が後に残るわけです。

この理論は、次の点で仏教の理論に一致しています。すなわち仏教も存在の二重性を否定して、実体と属性は多様な形をとって現れた同じ一つのものに過ぎないのだと示すことで、現象的な体と超越的な魂の別々の実在を説くような二元論の仮説に、批判を浴びせたからです。

私たちはまた、変化とは無縁なものという観念が成り立つのは、ただ全体についてのみであって、部分についてではないということも見てきました。部分という観念そのものは、運動とか変化という観念に由来するものだからです。私たちが理解したり知ったりすることができるのは有限なものだけなのですが、有限なものは変化しうるものでもあるからです。これに対して、全体というものが変化とは無縁なものでなければならないのは、全体を超えたところには、それに対して変化が成り立つような対立物は何もないからです。変化が成り立つのは、変化しないものか、あまり変化しないものに対してだと決まっているのです。

そのようなわけで、不二一元論によれば、魂が普遍的で変化とは無縁で不滅の存在だとする観念は、内なる自己同一性の体験自体を通してどこまでも論証可能なのですが、問題は個々の魂をどう考えるかです。私たちを捕らえて離さない、また私たち誰もが通過しなければならない、有限で細《さき》やかな個々の魂と、恒常《こうじょう》不変にして永遠の普遍的魂との間の一見両立不能とも思われる昔ながらの二元論の対立に、私たちはどう対処したらよいのでしょう。

すでに見たとおり、私たちは全体に関しては不滅な存在なのに、問題は私たちが全体の不滅性の一部としての限りで不滅であることを切望している点にあるのです。私たちは「無限の存在」であって、それが私たちの自身の真の特性をなしていることはすでに見た通りなのですが、私たちは同時にまた、この細やかな個別的な魂をも自分の真の特性にしたいと強く願っているのです。

では私たちが、日常的な経験のなかで、このような細やかな魂も、やはり自分の真の特性なのだと言えるのは、これらの魂が絶え間なく成長して、自分の真の特性に統合されつつある限りのことだと、気づくのだとしたら、どうでしょう。これらの魂は同じ魂であって、しかも同じ魂ではないことになるわけです。昨日の私は今日の私であるのですが、それでもいくらか違っている点では、今日の私ではないのです。では、こういう変化の真っただ中に変化しないものがあるのだとする二元論的な考え方を締め出して、進化という最も近代的な考え方を採用すれば、「私」というのは絶えず変化し続けている、拡大中の存在だということになるわけです。

人間が本当に軟体動物から進化してきたのなら、人間は軟体動物の個体の特性が大いに拡大しただけの存在だということになります。軟体動物から人間への進化は、無限性を目指した継続的な拡大であったはずです。だとすれば、個人の有限な魂というのは、「無限なる個人」を目指して継続的に拡大し続けている個人のことだと言っても、かまわないことになります。個人の有限な魂が完璧な特性に達するのは、それが「無限なる個人」に達した時でしかありませんが、そこに達するまでは個人の有限な魂は絶えず変化し続けている成長途上の人格であったわけです。

ヴェーダーンタの不二一元論者の注目すべき特徴の一つは、先行する諸々のシステムを調和させる点にあります。仏教などに見られる非二元論のシステムは、多くの場合、哲学を大いに促進させてくれたのですが、かえって哲学を傷つけるものとなった場合もあるのです。インドの古代の哲学者たちは、進化論といわれるものについては承知していて、一歩一歩漸進的《ぜんしんてき》に進んで行く成長ということを認識していたおかげで先行するあらゆるシステムを調和させることができたのです。その結果、先行していた観念は一つも退《しりぞ》けられたりすることはありませんでした。

ところが、仏教徒の信仰の欠陥は、こういう継続的な拡大途上の成長ということを思い描いたり認識したりすることがなかった点にあったため、この非二元論の信仰は、理想的なものを目指した諸々の先行的なステップと自分を調和させようとさえしなかったのです。その結果、そうした先行的なステップは、無用で有害なものとして排除されてしまったわけです。

こういう傾向が宗教に現れると、とても有害なものになってしまいます。人はこれまでよりも優れた新しい観念を得ると、自分が捨てた諸々の観念を振り返って、これらはみんな有害で不要な観念なのだとすぐに決めつけてしまいます。そうなるとこの人は自分の現在の見方からしたら、どんなに未熟なものに見えようと、それらは自分にはとても役に立って自分の今の状態に達するには欠かせなかったのだということさえ忘れてしまい、さらにはまた私たちは誰も初めは未熟な観念に基づいて暮らして、そこから恩恵を得てゆき、その後で、より高度な水準にやっと達するという具合に、同じような仕方で、一歩一歩成長していくしかないのだということにも思い至らなくなってしまうのです。

そういうわけで、不二一元論は、最古の諸理論にも友好的なのです。二元論も、それに先立つどんなシステムも、不二一元論によって立派に受け入れられるのですが、あくまでもそれらの理論は一段上から受け入れられるのではなく、それらはみんな同じ真理を間違いなく顕現《けんげん》していて、やがてはどれもが不二一元論がたどり着いたのと同じ結論に至るはずだとする確信をもって受け入れられるのです。

人類が通過しなくてはならなかったこうした様々なステップは、すべて呪いとともにではなく、祝福とともに保存されなくてはいけません。ですから、ヴェーダーンタではこうした二元論のシステムはすべて排除されたり、捨てられたりするのではなく、かえって手つかずのまま保存されてきたのです。ヴェーダーンタのうちでは、個人の魂を有限ではあってもそれなりに完全だとする二元論の考え方も立派に受け入れられています。

二元論によれば、人間は死ねばこの世とは別の様々な世界に行くのだ、等々とされていますが、こういう考え方もそっくりヴェーダーンタのうちに保たれているのです。不二一元論のシステムを通して成長についての認識が深まると、こういう理論にも「真理」についての部分的でしかない見解が示されているのだとして、それにふさわしい場が与えられるのです。

二元論の立場からすれば、この宇宙は何らかの意志の戯《たわむ》れとして物質と力によって創造されたもので、さらにその意志も宇宙とは別個の存在なのだとしか見なされないわけです。ですからこういう視点から眺められた人間は、自分を身体と魂という別々の二重の本質から構成された存在だと見るほかなく、この魂も有限ではあっても、それぞれそれなりに完全な存在なのだと見るしかないのです。そのような人の不死性とか来世についての観念は、どうしても本人のこういう魂についての観念に一致してこないわけにはまいりません。ヴェーダーンタにはこういう通俗的《つうぞくてき》な側面も保存されてきましたので、私としてはここで二元論のよく知られた観念を二、三取り上げて、皆さんに披露しておく必要があるわけです。

この理論の一つによれば、私たちにはもちろん体があるのですが、この体の背後には精妙体と呼ばれる体があるのです。この精妙体もやはり物質でできているのですが、ごく精妙な物質でしかないのです。それはあらゆる行為と印象とから成る私たちの「カルマ」すべての受け皿で、それらの「カルマ」は今にも眼に見える姿をとって現れ出ようと待ちかまえているのです。私たちが考えるどんな考えも、私たちが行うどんな行為も、しばらくすると精妙な考えや行為となって、種子のような形になったあと、精妙体のなかで言わば潜在的に生き続けるのですが、その後、ふたたび具体的な形をとって現れて、その結果を結ぶのです。そうした諸々の結果が人間の生活を条件づけるものとなるため、人間は、このような形で自分の人生を形作っていくのです。人間は、自分で創るカルマの法則の他には、どんな掟《おきて》にも縛られてはいないのです。私たち自身の想いや、言葉や、行いが、善かれ悪しかれ自分の周りに投げかける網の網糸となっていくわけです。その掟がひとたび、ある種の力を振るい始めたら、私たちはその結果をどこまでも受け入れることが必要になるのです。これが「カルマ」の法則です。

更に精妙体の背後には、人間の個人の魂「ジーヴァ」が息づいています。この個人の魂の形や大きさについてはいろいろな意見があるのですが、その大きさは原子のようにごく小さなものだとする議論もあれば、否、そんなに小さくはないのだとするものもあり、否、否、とても大きいのだとする意見もあっていろいろです。この「ジーヴァ」は、彼《か》の普遍的な実体、ブラフマンの一部であって、同時にまた永遠の存在でもあるのです。それは始まりもなしに存在し続け、終わりもなしに存在し続けるのだとされています。それは自らの純粋無垢な本質を顕現するために、ありとあらゆる形を辿《たど》り抜けているところなのです。こういう本質の顕現を遅らせるような行為は、どんなものも悪しき行為と呼ばれ、考えについても同じことが言われるのです。

また「ジーヴァ」の拡大を促すような行為や考えは、どんなものも、善き行為とか善き考えと呼ばれるわけです。最も未熟な二元論者たちによっても、最も進歩的な非‐二元論者たちによっても、インドで同じように主張されている理論の一つによれば、魂の可能性と力はすべて魂自身のうちにあって、外部のどんな源に由来するものでもないとされています。それらの可能性と力は、潜在的な形で魂のうちに存在していて、生命の営み全体はそうした潜在性を顕現しようとする方向にのみ振り向けられているのだというのです。

二元論のよく知られた観念の中には生まれ変わりの理論もあって、それによるとジーヴァは、この肉体が解体するとこの世やまた別の世で別の肉体を得るのですが、それが解体してしまうと、また別の肉体を得てという具合に生き続けて行くのだと言われています。けれども、私たちの目的にとってはあらゆる世界の中でこの世が最高の世界だと考えられるため、この世は特別に恵まれた所なのだとされているのです。それ以外の世界は悲惨なことが少ししかないので、それだけより高次のことを考える機会もかえって少ないのだとされているのです。この世には少しの幸せと、たくさんの悲惨があるため、ジーヴァは、言わば晩《おそ》かれ早かれ目覚めて、自分をどこまでも自由にかつ高くまで解放しようとするのだというのです。

この世でとてもお金持ちの人がもっと高次のことを考える機会が一番少ないように、天国のジーヴァにも進歩する機会がほとんどないのです。その状態はお金持ちの状態と同じで、進歩する機会の少なさがそこではさらにいっそう強化されているだけです。天国のジーヴァの体は、どんな病とも無縁なきわめて精妙な体であるため食べたり飲んだりする必要もなく、その願いは全て叶えられるのだといいます。ジーヴァの天国での暮らしは享楽《きょうらく》に次ぐ享楽の暮らしであるため、自分の真の本性をすっかり忘れてしまうのです。しかし、天国よりさらに高い世界がまだまだあって、そこでは天国での享楽三昧の生活などものともしないように、ジーヴァには更なる進化が可能なのだというのです。

二元論者のなかには、そのゴールは最高の天国であって、そこでは魂たちは永久に神と共に暮らすことになるのだと考えている者もいます。そして魂たちは美しい体を与えられて、病も死もなくその他どんな災いもないままに、全ての願いが叶えられるのだというのです。そうした魂たちの中には、時折、この世に舞い戻っては別の体をまとって人間たちに神に至る道を説く者もいるのだといいます。ブッダやイエスなどこの世の偉大な教師と言われる人たちはこういう人たちであったのです。この人たちの魂はすでに自由を得て、最高の領域で神とともに暮らしていたのですが、悩み苦しむ人類への愛と同情がとても深かったために、天国に至る道を人類に説こうと再び肉体をまとってこの世に降《くだ》ってきたのだと言われるのです。

けれども、こうした状態が究極のゴールでも最高の理想でもあるはずはないと、ヴェーダーンタが主張していることは、私たちももちろん承知しています。体のない状態こそ、理想でなければならないからです。理想の状態が有限な状態であるはずはありません。無限性に欠けるどんな状態も理想的な状態であるはずはなく、そのようなところに、無限の体が存在することもありえないからです。それは、もともと体というものが有限のものだからですし、そのようなところに無限の思考が存在しえないのも、もともと思考というものが有限なものでもあるからです。私たちは体をも、思考をも、超えていかなければいけないのだと不二一元論は説くのです。しかし、すでに見たように、不二一元論によればこうした自由は達成されるべきものではなく、すでに私たち自身のものなのです。私たちはただそのことを忘れているために、それを否定しているにすぎないのです。完全性というものも到達されるべきものではなく、すでに私たち自身の内にあるのです。永遠の生命も、至福も、やはり獲得されるべきものなどではなく、私たちはすでにそれらを所有しているのです。それらは、常に、私たち自身のものであり続けたのです。

皆さんが勇気をもって自分は自由なのだと宣言すれば、今この瞬間に自由になるのです。しかし、自分は拘束《こうそく》されているのだと言えば、拘束されたままに留まってしまいます。これこそヴェーダーンタが大胆に宣言していることなのです。二元論者の考えについてはすでにお話しした通りです。皆さんは、不二一元論でも、二元論でも、どちらでも自由に採用することができるのです。

ヴェーダーンタの最高の観念はなかなか分かりにくいため、人々はそれを巡っていつも言い争っているのですが、最もやっかいなのは、自分がある観念を手に入れると、別の観念を否定してそれらを目のかたきにしてしまう点です。

自分には自分に合ったものを採用して、人には人が必要とするものを採用するに任せたらよいのです。皆さんがこのちっぽけな個別性に固執し、この有限な人格性にしがみついてそこに留まっていたいと願うなら、遠慮なくそう願ってそれらに満足して喜んでいたらいいのです。皆さんの人格的経験がとても快適なものであったなら、好きなだけそれを保っていることです。皆さんは、ご自分の運命の創り手なのですから、皆さんの人格性を捨てるように強制する人などどこにもいないのです。

また、天使になりたいと願うなら、天使になったらいいのです。それがただ一つの掟《おきて》だからです。けれども、天使にさえなるのは嫌だと言う人もいるかもしれません。

　他人の考えをおぞましいと思う権利が一体どこにあるでしょうか。皆さんは百ポンド失くしたらぞっとするかもしれませんが、この世には全財産を失っても平然としている人たちもいるはずです。事実そういう人たちはこれまでもいましたし、今もいるのです。そういう人たちを敢《あ》えて自分の基準で判断したりする必要はないのです。皆さんが自分の限界にしがみついていれば、そうした細やかな世俗の理想が自分の最高の理想となって、皆さんはそこに安んじて受け入れてもらえるはずです。それが自分の願ったとおりの世界だからです。けれども真理を見届けたばかりに、そうした限界のうちには安住できず、それらの細《ささ》やかなことどもとは縁を切ってそれらを超えていきたいと願っている人たちもいるのです。この人たちにとってこの世は楽しみの場ではあっても、やはりただの淀んだ泥水でしかないのです。その人たちを自分の考えに縛りつけておきたいと願う理由は、いったいどこにあるのでしょう。皆さんはこういう独善的な傾向とはきっぱり縁を切らなくてはいけません。誰にもその人にふさわしい場を認めてあげることです。

先日、南太平洋諸島でサイクロンに巻き込まれた船団のニュースがイアストレイテッド・ロンドン・ニューズ紙に出ていました。その船団は一艘のイギリス船を除いてみんな難破してしまったのですが、その船だけが嵐に持ちこたえたのです。その写真には今にも溺れそうな人たちや、甲板に立っている人たち、それから、嵐を切り抜けようとしている人たちを励ましている勇気ある人達などが写っていました。他人を自分のいる処まで引きずり降ろしたりすべきではありません。

またこれとは別に、私たちが自分のささやかな個別性を失えば道徳性もなくなり、人類にとって希望もなくなってしまうのではないかという馬鹿げた考えもあるのです。やれやれ、これではまるで誰もが四六時中、人間性を求めて止まなかったかのような口ぶりではありませんか。

人類に対して真に善行を施《ほどこ》したいと願う男女が、各国に二百人もいれば、千年王国は五日もすればやってくることでしょう。自分の個別性こそが、道徳性の基盤なのだとするこうした言い草など、ただの大言壮語《たいげんそうご》でしかありません。自分のささやかな個別性のことなど少しも気にかけなかった人たちこそが人類に最大の恩恵を施してきたのであって、誰であれ自分のことを多く考えれば考えるほど、その人は他人の為になることがそれだけ少なくなってしまうのです。無私の人たちと利己的な人たちの違いもそこにあるわけです。細《さき》やかな楽しみに固執して、物事の状態がそのまま続いてくれたり繰り返されたりすることを願うのは、どこまでも自分本位の願いでしかありません。そんな願いは真理に対するどんな願いからも生まれてくることはなく、自分以外の存在への優しい気持ちに発することもなく、それどころか「他人のことなどおかまいなしに、自分一人で全部貰うのだ」という人間の心情に基づくどこまでも自分本位のあさましい願いに発するものでしかないのです。私にはそのようにしか見えません。

私がこの世で出会いたいのは、たった一匹の小さな動物のためになれるなら百回死んでも惜しくはないと考える、古代の偉大な預言者や賢者のようなもっと道徳的な人たちです！　道徳だの他人に善を施すのだと言っても、今の時代はただの口先だけではありませんか！

私が出会いたいのは、ゴータマ・ブッダのような道徳的な人物です。彼は「人格神」の存在や人格的な魂の存在については、信じることも問題として取り上げることもないような完全な不可知論者でしたが、誰のためにも進んで生命をさし出そうとし、生きとし生けるものの幸せのために一生をささげ、生きとし生けるものの幸せのことしか考えませんでした。

ゴータマ・ブッダの伝記作者が、彼の誕生の次第を記すことでみごとに述べたように、彼は多くの者たちへの祝福として、多くの者たちの幸せのために生まれてきたのでした。彼は自分を救うために森に出かけて瞑想したりすることはありませんでした。彼は「この世は燃えている、だから自分はそこから抜け出す道を見つけなくてはいけないのだ」と感じていたのです。「この世には、どうしてこんなに悲惨なことが多いのだろうか」というのが彼の全生涯を支配した、たった一つの疑問でした。皆さんは、自分もまたブッダのように道徳的だと思うでしょうか。

人は利己的であればあるほど非道徳的存在になってしまいます。それは民族についても同じことです。全世界で最も残酷で邪悪であったのは、利己心に駆《か》られた民族でした。アラビアの預言者ムハンマドによって打ち立てられた宗教ほど、こうした二元論に固執してきた宗教はありませんでした。これほど多くの血を流して、他人に残酷であった宗教は他にはなかったのです。コーランには自分たちの教えを信じない者は、殺してしまえという教理さえ存在しているのです。そういう者を殺すことは一つの慈悲行だとさえ言うのです。美しい時間が支配していて、あらゆる種類の感覚的楽しみに満ちている天国に達する最も確実な道は、何とそうした不信者を殺すことだとも言うのです。こういう信仰の結果どんなにたくさんの血が流されてきたか思ってもみてください。

キリスト教にはこんなに毒々しい教えはほとんどなかったために、純正なキリスト教とヴェーダーンタの宗教の間には、ごくわずかな違いしかないのです。キリスト教にも、一者性の教えのあることはご存知の通りです。けれどもキリストは人々に手に取ってみることができるようなものも与えて、彼らを最高の理想に導こうと、二元論の教えも説いたのでした。「天にましますわれらが神よ」と超越的な神について説いた同じ預言者が、また同時に「私と、我が父とは、一つです」と超越的な神と内在的な神の、一見、二元論風な一致についても説いたのですが、このように言えるのも他でもなく、究極の唯一者でもあり、愛そのものでもある「天なる父」が、自ら、私たちの「内なる神」に変容することを通してなのだというヴェーダーンタと同じ「愛なる神一元論」のことをも承知していたからです。

このように、キリストの宗教には神の祝福と神の愛しか存在していなかったのに、そこに未熟な要素が忍び込んだその途端に、それはアラビアの預言者の宗教とそれほど変わらぬものになり下がってしまったのです。その未熟な要素とは単にちっぽけな自己を利そうとする闘いや、この「我」へのしがみつきが、この世で見られることだけを指すのではなく、そのような「我（自己の個別性）」が死後も続いてくれることを願うその未熟な思いをも指しているのです。彼らは何とこういう自己の個別性を、「無私性」と呼んで、それを道徳の基盤だと宣言したのです。そして不思議なことにもっと分別のあるはずの人たちまでもが、このような狭い自己が、道徳性というのは、「お前たちのささやかな個別的な自己の破壊の上に立って、初めて成り立つのだ」とする真の無私性についての考え方に触れ驚愕してしまうと、彼らの道徳性など、元も子もなくなってしまうではないかと、考えたのです。

あらゆる福祉のスローガン、あらゆる道徳的善行のスローガンは、「私」にあるのではなく、「汝」にあるのです。天国や地獄があるかどうかなどに、また、魂が存在するかどうかなどに、更には不変なものがあるかどうかなどに、いったい誰が構っていられると言うのでしょう。ここにはこの世しかなく、しかもこの世は、悲惨なことどもに満ち溢れているというのに！

ブッダがしたようにこの世に分け入って、この世の悲惨を和らげようと立ち上がるのです。あるいは、そうした試みに生命を捧げるのです。自分のことなど忘れてしまうのです。皆さんが、有神論者であろうと無神論者であろうと、不可知論者であろうとヴェーダーンタ主義者であろうと、さらにはキリスト教徒であろうと回教徒であろうと、この真の無私性が道徳性の基盤だとする原理こそ、学ぶべき第一の教えなのです。万人にとって明白なただ一つの教訓が、ちっぽけな自己を粉砕して「真実の自己」を樹立してくれるのです。

二つの力が平行線を描いて睨《にら》みあってきました。一方は「私」と言い、他方は「私ではない」と言うのです。両者の睨みあいは人間のうちだけではなく、動物のうちにも見られます。その牙を人間の温かい血の中に浴びせる獰猛《どうもう》なメス虎でも、自分の子供のためなら生命さえ投げ出すことでしょう。自分の兄弟の命を奪うことさえ何とも思わないような、この上もなく邪悪な人非人でも、飢えた妻子を救うためなら、おそらくためらうことなく自分を犠牲にさらすことでしょう。

このように、こういう二つの力が、森羅万象のうちでせめぎ合っているのです。一方があれば必ず他方もあるのです。一方は利己心で、他方は無私の思いです。一方は獲得で、他方は放棄です。全宇宙は最低レヴェルから最高レヴェルに至るまで、この二つの力のせめぎ合いの場なのです。このことは、どんな証明も要しません。それは万人にとって明らかなことだからです。

宇宙の営みと進化の基盤を競争と戦いという、これら二つの力の一方の側だけに全部置こうとする権利が、大いなる共同体の、いったいどの部分にあるというのでしょうか。宇宙の営みの基盤を、激情と闘争、競争と戦いの上だけに全部置こうとする権利が、大いなる共同体の、いったいどの部分にあるというのでしょうか。こういう力が実在することは私たちも否定しませんが、もう一方の力の営みを否定する権利は誰にもないはずです。この「無私」という、この「放棄」という愛の力こそが宇宙に働くただ一つの肯定的な力であるからです。もう一方の力は、愛の力が誤用されたものでしかありません。愛の力から競争が生まれたのであって、競争の真の起源は愛のうちにあるのです。悪の生みの親も、善であって、その結果も、やはり善なのです。悪というのは、善の力の誤用でしかないのです。

他人を殺《あや》める人でさえ、我が子を愛する思いからそのような行為に駆り立てられているのかもしれません。その人の愛は可愛い我が子の存在に狭く限定されてしまったために、この世の何百万人もの人を締め出してしまったのかもしれないのです。けれども、このように狭く限定されていようといまいと、そこには同じ愛が働いていることに変わりはないのです。

このように、全宇宙を動かしている力は、それがどんな形をとろうと、彼《か》の唯一の驚くべき力、無私の思いであり、放棄の力であり、愛の力であり、真の実在、存在の唯一の生ける力なのです。だからこそヴェーダーンタは、ワンネスを、すなわち彼《か》の唯一者の唯一性を強調するのです。私たちが美しく、驚くべき同じ愛の力が限定によって悪や堕落《だらく》となって現れるのだと、主張するだけで、全宇宙は愛という唯一の力によって説明されてしまうのです。もしも私たちがそう主張しなければ、宇宙には善と悪、愛と憎しみという二つの原因が存在することになってしまいます。果たしてどちらの主張がいっそう論理的でしょうか。明らかに、愛、唯一論の方に決まっています。

今度は、おそらく二元論には属していないと思われる事柄に話題を移しましょう。いつまでも二元論に留まっているわけにはいかないからです。私の考えは、道徳性とか無私の思いといった最高の理想は、最高の形而上学《けいじじょう》的な考え方と手を携《たずさ》えてやってくるのだということを示す点にあり、また、倫理や道徳性を手に入れるためには、自分の考え方をあえて低くする必要などなく、道徳性や倫理の真の基盤に達しようとするなら、逆に、最高の哲学的並びに科学的な考え方を抱くことが必要なのだということを示す点にあるのです。

人間の知識は人間の福祉と相容れないわけではありません。それどころか、人生のあらゆる局面で私たちを救ってくれるのは、知識を措《お》いて――知識への崇拝を措いて――他にはないのです。私たちは知れば知るほど良い状態になるからです。

ヴェーダーンティストは、明らかに悪と見えるものすべての原因は、制約されないものをあえて制約する点に、無限なものをあえて有限化する点にあるのだと言っています。細《さ》やかな方向に押し込められて悪の様相を示している愛も、やがては反転して「神」の本性を明らかにするはずです。またヴェーダーンタは、悪と見えるものすべての原因は私たち自身の内にあるのだとも言います。さらには、どんなに超自然的な存在をも非難してはいけない。希望を失ったり、落胆したりしてもいけない。誰かがやってきて助けの手をさしのべてくれない限り、決して逃げ出せないようなところに自分はいるのだと考えたりしてもいけない。ヴェーダーンタはそうとも言うのです。誰かが助け出してくれることなどありえないからです。

私たちは蚕《かいこ》のようなものです。蚕は自分自身の材質から糸を作って繭《まゆ》を紡ぎ、やがてその中に自ら閉じ込められてしまうのですが、そんな状態が永久に続くわけはありません。私たちはそうした繭の中にあっても霊的悟りを育《はぐく》み、やがては蝶のようにみずから自由の身となって立ち現れるはずだからです。私たちはこういうカルマのネットワークを身の周りに織《お》り上げてしまっているのですが、自分自身の無知から、自分がそこに閉じ込められているように感じては、泣き叫んだり助けを求めて嘆き悲しんだりしているのです。しかし助けは外からはやって来ません。助けは私たち自身の内側からやって来るからです。

宇宙のあらゆる神々に向かって泣き叫んでごらんなさい。私は何年間も泣き叫びました。そしてついに救われたのですが、助けは内側からやって来たのでした。それから必要になったのは、うっかり自分がおかした間違いを取り消すことでした。それが残された唯一の道だったからです。つまりは、自分が身の周りに織り上げていたカルマのネットワークを自ら断ち切ることが必要になったのですが、その力は自分の内にあったのです。

この点で私が確信しているのは、私の人生で抱いた野望は、それが正しい方向を目指したものであれ、間違った方向を目指したものであれ、一つとして無駄なものは無かったのだということであり、私は自身の良い過去と悪い過去を含むすべての過去が一つになったものに他ならないのだということです。

私は自分の人生で沢山間違いを冒《おか》してきましたが、にもかかわらず、そうした間違いの、どの一つでも冒すことなしには今ある自分はなかったはずだと確信しているので、それらの間違いを冒したことに全く後悔はないのです。だからと言って、皆さんが家に帰られたら、わざと間違いを冒してごらんなさいなどと勧めているわけではありません。そんな風に誤解されたらいけませんが、ただ自分が冒した間違いのせいで落ち込んではいけないと言っているのです。やがては、一切がきっぱりと嘘偽り《うそいつわ》のない姿で立ちあらわれるはずだということを知って欲しいのです。それ以外ではありえないのは、善こそ私たちの本性であり、純粋無垢こそ私たちの本性であって、そうした本性が破壊されたりすることなど、あり得ないからです。私たちの根本的な本性は、常に同じ姿に留まっているのです。

ここで肝心なのは、私たちが間違いや悪と言われるものを冒すのは、自分が弱いからであって、自分が弱いのは自分が無知だからだとはっきりと理解することです。私が罪という言葉より、間違いという言葉の方を気に入っているのは、元々はとても良い言葉であった罪という言葉に、ある種のぞっとするような香りがまとわりついてしまっているからです。誰が私たちを無知にしているのでしょうか。私たち自身です。私たちは、自分の手で眼を覆《おお》って、暗い暗いと言って泣いているのです。手を離したら、光があふれているにもかかわらずに、です。私たちにとって、光は人間の魂の自ら光り輝く本性として常に存在し続けているにもかかわらずに、です。

近代科学者たちの言っている言葉を皆さんもお聞きではありませんか。進化の原因は、他でもない欲望だというではありませんか。動物が何かしようとしても、環境がこれを許さないので動物は新しい体を開発するのだというわけです。では誰がそれを開発するのでしょうか。それは動物自身であり、動物自身の意志であります。皆さんも最低レヴェルのアメーバから進化してきたわけです。それならその意志をさらに発揮し続ければ、その意志は皆さんを更に高い処まで導いてくれるはずです。意志は全能だからです。意志が全能ならば、皆さんは「私にできないことなどないはずだ」と言っても、いいことになるでしょう。でもそう言う皆さんは、ご自分の細《さ》やかな自己のことしか考えてはいませんか。それなら、アメーバの状態から人類にまで到ったご自分を振り返ってみてください。一体誰がそうした快挙をやり遂げたのでしょう。皆さんご自身の意志がやりとげたのです。だとしたら、ご自分の意志が全能であることを否定できる人など一人もいないはずです。皆さんをこんなにも高い処まで導いたものなら、皆さんを更に高い所まで押し上げることもできるはずです。皆さんに欠けているのは強い性質だけで、ただ意志を鍛えることだけが必要なのです。

ですから私が皆さんに、「あなた方の本性は悪なのです。だから家に帰ったら、あぁ私は人生で間違ったステップを何度も踏んでしまったと言っては、懺悔《ざんげ》と悔恨《かいこん》のうちに泣き暮らしたらいいのです」と教えても何の役にも立たないでしょう。むしろ、そんなことは、かえって皆さんを意気消沈させては、皆さんを更に悪くさせる道に追い込むだけでしょう。この部屋が何千年もずっと真っ暗だったとしましょう。そこに皆さんが入ってきて「ああ、真っ暗だ」と言って泣いたり叫んだりしたら、それで闇は消えて無くなるでしょうか。マッチを一本すれば、それだけですぐに明るくなるではありませんか。「ああ、これまで私は悪いことや間違いばかりを重ねてきた」と言っては、ご自分の人生を悔やんだからと言って、それでどうなるというのでしょう。そのことを私たちに教えるためには、何も天使や霊の存在を俟《ま》つまでもありません。明かりを持ち込めば、闇という悪は一瞬にして消えてしまうからです。

自分の性格を鍛えて、自分の真の本性である燦然《さんぜん》たるもの、眩《まばゆ》いばかりのもの、永久に純粋無垢なものを自ら顕現《けんげん》し、自分の会うすべての人たちのうちに、そうした「本性」を呼び覚ますことです。私たちの誰もがこういう状態に帰着したため、人類の最も卑《いや》しい人のうちにも、内なる「真我」を見ることができるようになって、その結果、その人たちを非難するかわりに「汝、燦然たる人よ、立ち上がれ。汝、永久に純粋無垢な人よ、立ち上がれ。汝、生まれることも、死ぬこともない人よ、立ち上がれ。汝、全能の人よ、立ち上がれ。さあ、汝の真の本性を顕現するのだ。こんなに細《ささ》やかな顕現では、役に立たないではないか」と言えるようになったらいいのにと私はそう願うばかりなのです。

これが不二一元論の教える最高の祈りなのです。これが私たちの真の本性でもある、私たちの内なる「神」の存在を忘れずにいる、ただ一つの祈りなのです。こうして、自分の真の本性は無限で、全能で、常に善で、どんな時も恵み深くて、私心がなく、いかなる制限とも無縁なのだと、思い続けることが大切なのです。

また、自分の本性には私心がないのですから、それは強くもあれば恐れ知らずでもあるはずです。恐れは、利己心のあるところにしかやってこないからですし、自分のためには何一つ願うことのないような人にとっては、恐れる相手もいなければ、怯《おび》えるものもないからです。死が迫り、悪が迫ったからと言って、その人にどんな恐れがあるというのでしょう。

そのようなわけで、私たちが不二一元論を信じるのであれば、今この瞬間から自分の古い自己は死んで消えてしまったのだと思い定めなくてはいけないのです。ミスター、ミセス、ミス何某《なにがし》といった私たちの古い自己は、みんな夢幻と消え去って、後にはいつも純粋無垢で常に強さを失わない全知・全能の自己しか残っていないのですから、私たちからは恐れも一切消え去っているわけです。永遠・不滅の私たちを傷つける人などもう誰もいないのです。私たちからは、一切の弱さも消え失せているのですから、後はただ、仲間の者たちのうちに、この知識を目覚めさせるだけです。彼らも、私たち同様の純粋無垢な存在なのに、ただそのことに気づいていないだけだからです。

世界中で絶対に必要なのは、正にこのことだと思うのです。こうした教説は、昔からあるもので、多くの山よりもっと古いものです。どんな真理も永遠だからです。真理は誰のものでもなく、どんな民族も、どんな個人も、それを独占する権利などありません。真理は、あらゆる魂の本質です。真理に特別の権利を主張しうる者など、一人もいないのです。

とは言え、真理が人間社会のあらゆる一角に浸透していくためには、地に足の着いた、実践的で単純なものになって、最高の知識人と最も普通の老若男女の共有財産になることが必要なのです。

私たちに残された論理的推理や形而上学などの数々も、神学や儀式などの数々も、みんなそれぞれの時代には貴重なものではあったでしょう。でもこんどは私たちが物事をもっと単純なものにして、万人がそれぞれの内なる「究極の実在」を礼拝するような、そういう輝かしい時代を築いていく番なのです。

用語解説

アーカーシャ　Ākāśa　エーテルすなわち空間。ブラフマンから展開する五要素の最初のもの、物質の最も精妙な形であって、ついには、すべての要素はそれの中に溶け込む。

アートマン　Ātman　自己、魂。

アルジュナ　Arjuna　ヒンドゥ教の聖典の一つである叙事詩『マハーバーラタ』に登場する英雄である。

インドラ　Indra　神々の王。

ヴァルナ　Varuṇa　海の神。

ヴィヴェーカ・チューダーマニ　Vivekachūḍāmaṇi　シャンカラによる、ヴェーダーンタに関する論説。

ヴェーダ聖典　Veda　ヒンドゥ最高の聖典。

ウッダーラカ・アールニ　Uddālaka Āruṇi　『チャンドギヤ・ウパニシャド』に登場する古代インド最大の哲人のひとり。ヤージュニャヴァルキヤの師。

ウパコーサラ Upakośala 『チャンドギヤ・ウパニシャド』に登場する古代インド最大の哲人のひとり。

ウパニシャド Upaniṣad ヴェーダ聖典のギャーナカーンダ（知識）の部分。ヴェーダーンタの聖典

エーテル Ether 五つの要素（地、水、火、風、空間）の一つ、空間のこと。

ガウタマ Gautama 『チャンドギヤ・ウパニシャド』に登場する古代インド最大の哲人のひとり。

クルクシェートラ Kurukṣetra プラーナ文献にはバラタ族のクル王がクルクシェートラという名前の由来となっていることが語られている。クル王はインドの叙事詩、マハーバーラタで語られるカウラヴァとパーンダヴァの先祖にあたる。この叙事詩で語られるカウラヴァとパーンダヴァの戦いが行われた場所がクルクシェートラであり、アルジュナの抱える葛藤を観取したクリシュナがバガヴァッド・ギーターを説いた地でもある。

コーラン Quran　マホメット教（イスラーム教）の聖典。

コント主義者 Comte principle　実証主義者。フランスの哲学者オーギュスト・コントが提唱した実証主義に影響を受けた人。

サトヤカーマ Satyakāma　『チャンドギヤ・ウパニシャド』に登場する古代インド最大の哲人のひとり。

サナトクマーラ Sanatkumāra　創造者ブラマーの心から生まれた最初の子孫。四人（他にサナカ、サナータナ、サナンダ）とも非常に高い霊性の持ち主であったといわれる。

サンヒター Saṁhitā　ヴェーダ聖典において「本集」のこと。

ジーヴァ Jiva　肉体を持つ魂。生き物。普通の人間。

シヴェータケートゥ Śvetaketu　『チャンドギヤ・ウパニシャド』に登場するウッダーラカの息子。

ジョン・スチュアート・ミル John Stuart Mill　イギリスの哲学者（一八〇六〜

一八七三）。政治哲学者、経済思想家でもあり、政治哲学においては自由主義・リバタリアニズムのみならず社会民主主義の思潮にも多大な影響を与えた。

チャンドギヤ・ウパニシャド Chandogya Upaniṣad　ウパニシャドの一つ。サーマ・ヴェーダに付属し、古ウパニシャドの中では初期の「古散文ウパニシャド」に分類され、『ブリハッド・アーラニヤカ・ウパニシャド』と並び、最初期・最古層のウパニシャドとされる

トマス・ア・ケンピス Thomas a Kempis　中世の神秘思想家（一三七九〜一四七一）。

ナーラダ Narada　ヒンドゥ神話中の偉大な聖者。バクティの道を教える。

ハーバート・スペンサー Herbert Spencer　イギリスの哲学者、社会学者、倫理学者（一八二〇〜一九〇三）。

バガヴァッド・ギーター Bhagavad Gītā　ヒンドゥの代表的聖典。大戦争の直前、神の化身クリシュナが武装アルジュナに真理を説きかせるという形をとり、大叙

事詩マハーバーラタの一部として、その中に挿入されている。

プラーナ Prāṇa（気） 活力、生命エネルギー。五種類の生理機能に応じて、プラーナ、アパーナ、サマーナ、ウダーナ、ヴィヤアーナがある。

プゥラーナ Pruāṇa 聖典の一種。伝説や神話を通して、霊的な教えが与えられている。

ブラフマン Brahman（字義は、偉大な者） 超人格神、究極実在。

フレデリック・ハリソン Frederic Harrison イギリスの哲学者、伝記作家、法律家（一八三一～一九二三）。八〇年にイギリス実証主義哲学協会を創設、初代会長をつとめた。

マーヤー Māyā 神のヴィジョンを曇らせる無知。絶対者を相対界と見る宇宙的幻覚。執着心を意味する場合もある。

ワンネス Oneness 一体性。

実践的ヴェーダーンタ［改訂版］
Practical Vedanta [2nd Edition]

2018年5月19日 初版第1刷発行
2019年9月23日 改訂版第1刷発行
発行者　日本ヴェーダーンタ協会会長
発行所　日本ヴェーダーンタ協会
249-0001 神奈川県逗子市久木4-18-1
電話　046-873-0428
E-mail　info@vedanta.jp
Website　vedanta.jp
FAX　046-873-0592
Twitter　@vedanta_jp

印刷所　モリモト印刷株式会社

万が一、落丁・乱丁の場合は送料当方負担でお取替えいたします。
定価はカバーに表示してあります。

ISBN978-4-931148-73-4
Printed in Japan

ることから、インドの霊的伝統で最も有名なマントラ（真言）の一つです。

マハームリットゥンジャヤ・マントラ108　1200円（約73分）。このマントラは、インドの霊的伝統に基づく有名なマントラ（真言）の一つで、強い霊的波動と加護の力を持つことから広く唱えられています。

新版：マントラム1200円（約66分）。インドと日本の朗唱集。インドおよび日本の僧侶による。心を穏やかにし、瞑想を助けます。

シュリー・ラーマクリシュナ・アラティ　価格2000円（約60分）毎日ラーマクリシュナ・ミッションで夕拝に歌われているもの、他に朗唱等を含む。

シヴァ-バジャン（シヴァのマントラと賛歌）価格2000円（約75分）　シヴァに捧げるマントラと賛歌が甘美な声で歌われ、静寂と平安をもたらす。

こころに咲く花～やすらぎの信仰歌～価格1500円（約46分）　日本語賛歌CDです。主に神とインドの預言者の歌で神を信じる誰もが楽しめる内容。

ラヴィ・シャンカール、シタール 価格1900円 世界的な演奏家によるシタール演奏。瞑想などのBGMに。

ハリ・プラサード、フルート 価格1900円 インド著名な演奏家によるフルート演奏。瞑想などのBGMに。

ディッヴャ・ギーティ（神聖な歌）Vol. 1～3　各価格2000円（約60分）聞く人のハートに慰めと純粋な喜びをもたらし、神への歓喜を呼び覚ます歌です。

ディヤーナム（瞑想）　価格2000円（77:50分）信仰の道（バクティ・ヨーガ）、識別の道（ギャーナ・ヨーガ）の瞑想方法を収録。

普遍の祈りと賛歌　価格2000円（44:58分）サンスクリット語の朗誦と賛歌によるヴェーダ・マントラ。

シュリマッド・バガヴァッド・ギーター（3枚組）価格5000円（75:27、67:17、68:00分）サンスクリット語。インドの聖なる英知と至高の知恵の朗誦、全18章完全収録。

シュリマッド・バガヴァッド・ギーター選集　価格2200円（79:06分）上記のギーター3枚組より抜粋し、1枚にまとめたCD。

電子書籍（現在アマゾンのみの販売）

書籍（キンドル版）のQRコード。最新のものからすべて見ることができます。
https://goo.gl/haJxdc

雑誌（同版）、最近の雑誌を一冊ごとにキンドル化。
https://goo.gl/rFHLnX

雑誌合本総合（同版）、年ごとの合本（〔初期は12冊〕。１９６４年よりスタート。
https://goo.gl/AgQAs2

書籍・雑誌総合（キンドル版）。両方の最新のものからすべて見ることができます。
https://goo.gl/HbVHR2

※電子書籍は随時発行中。
※その他　線香、写真、数珠などあります。サイト閲覧又はカタログをご請求ください。
※価格・内容は、予告なく変更の可能性があります。ショップサイトで最新の情報をご確認ください。

会　員

・協会会員には、雑誌講読を主とする準会員（1年間４０００円、3年間１１０００円、5年間１７０００円）と協会の維持を助けてくれる正会員（1年間１５０００円またはそれ以上）があります。正・準会員には年6回、奇数月発行の会誌「不滅の言葉」と、催し物のご案内をお送り致します。また協会の物品購入に関して準会員は１５％引き、正会員２５％引きとなります。（協会直販のみ）（会員の会費には税はつきません）
・https://vedantajp.com/会員/からも申込できます。

霊性の師たちの生涯 1000円(B6判、301頁) ラーマクリシュナ、サーラダー・デーヴィーおよびスワーミー・ヴィヴェーカーナンダの伝記。
ホーリー・マザーの福音 価格1900円(A5判320頁) 現代インドの聖女サーラダー・デーヴィーの教え。
ホーリー・マザーの生涯 価格1900円(A5判320頁) スワーミー・ニキラーナンダ著。現代インドの聖女サーラダー・デーヴィーの生涯。
神を求めて 800円(B6判、263頁) ラーマクリシュナの高弟、禁欲と瞑想の聖者トゥリャーナンダの生涯。
スワーミー・ヴィヴェーカーナンダと日本 価格1000円(B6判、152頁) スワーミーと日本との関連性をまとめた。スワーミー・メーダサーナンダ著。
謙虚な心 価格1100円(176頁、B6) ラーマクリシュナの家住者の高弟ナーグ・マハーシャヤの生涯。
インスパイアリング・メッセージ Vol.1 価格900円(文庫版変形、152頁) 世界の偉大な預言者のメッセージを集めた小冊子です。
インスパイアリング・メッセージ Vol.2 価格900円(文庫版変形、136頁) 世界の偉大な預言者のメッセージを集めた小冊子の第2弾です。
はじめてのヴェーダーンタ 価格1000円(B6判、144頁) はじめてインド思想のヴェーダーンタに触れる方々のために書かれたもの。
真実の愛と勇気(ラーマクリシュナの弟子たちの足跡) 価格1900円(B6判、424頁) 出家した弟子16人の伝記と教えが収められている。
シュリーマッド・バーガヴァタム 価格1600円(B6判、304頁) 神人シュリー・クリシュナや多くの聖者、信者、王の生涯の貴重な霊性の教えが語られている。
ラーマクリシュナの生涯(上巻) 価格4900円(A5判、772頁) 伝記。その希有の霊的修行と結果を忠実に、かつ詳細に記録。
ラーマクリシュナの生涯(下巻) POD版、ソフトカバー、価格4500円(A5判、608頁) 伝記の決定版の下巻。
バガヴァッド・ギーター 価格1400円(B6変形、220頁、ハードカバー) ローマ字とカタカナに転写したサンスクリット原典とその日本語訳。
抜粋ラーマクリシュナの福音 価格1500円(B6判、436頁) 1907年、「福音」の著者みずからが、その要所をぬき出して英訳、出版した。改訂2版。
最高をめざして 価格1000円(B6判、244頁) ラーマクリシュナ僧団・奉仕団の第6代の長、スワーミー・ヴィラジャーナンダが出家・在家両方の弟子たちのために説いた最高の目標に達するための教え。
カルマ・ヨーガ 価格1000円(新書判、214頁) ヴィヴェーカーナンダ講話集。無執着で働くことによって自己放棄を得る方法を説く。
バクティ・ヨーガ 価格1000円(新書判、192頁) 同上。人格神信仰の論理的根拠、実践の方法及びその究極の境地を説く。
ギャーナ・ヨーガ 価格1400円(新書判、352頁) 同上。哲学的思索により実在と非実在を識別し、真理に到達する方法を説く。
ラージャ・ヨーガ 価格1000円(新書判、242頁) 同上。精神集中等によって、真理に至る方法を説く。
シカゴ講話集 価格500円(文庫判、64頁) シカゴで行われた世界宗教会議でのヴィヴェーカーナンダの全講演。
ラーマクリシュナ僧団の三位一体と理想と活動 価格900円(B6判、120頁) 僧団の歴史と活動および日本ヴェーダーンタ協会の歴史がわかりやすく解説されている。
霊性の修行 価格900円(B6判、168頁) 第12代僧院長スワーミー・ブーテーシャーナンダジーによる日本での講話。霊性の修行に関する深遠、そして実践的な講話集。
スワーミー・ヴィヴェーカーナンダの生涯 価格1900円(A5判、368頁) すばらしい生涯が美しくまとめられています。スワーミー・ニキラーナンダ著。

CD

ガヤットリー108 1200円(約79分) このマントラは、深遠な意味と高い霊的忘我のムードがあ

日本ヴェーダーンタ協会 刊行物

https://vedantajp.com/ショップ/

書　籍

パタンジャリ・ヨーガの実践　価格1300円（B6判、254頁、ハードカバー）インドの聖者パタンジャリが編纂した聖典『ヨーガ・スートラ』に教示されたアシュターンギカ・マールガ（8つの実践部門）の実践的解説書。
インド賢者物語[改訂版]　価格900円(B5判,72頁、2色刷り)スワーミー・ヴィヴェーカーナンダ伝記絵本。
輪廻転生とカルマの法則［改訂版］　価格1000円（B6判、282頁）日本語が原作となる初の本。生や死、活動、インド哲学が説く解脱等、人生の重要な問題を扱っています。
ラーマクリシュナの福音 価格5000円（A5判、上製、1324頁）近代インド最大の聖者ラーマクリシュナの言葉を直に読むことができる待望の書。改訂版として再販。
瞑想と霊性の生活1　価格1000円（B6判、232頁）スワーミー・ヤティシュワラーナンダ。灯台の光のように霊性の旅路を照らし続け、誠実な魂たちに霊的知識を伝える重要な概念書の第1巻。
瞑想と霊性の生活2　価格1000円（B6、240頁）灯台の光のように霊性の旅路を照らし続け、誠実な魂たちに霊的知識を伝える重要な概念書の第2巻。
瞑想と霊性の生活3　価格1000円（B6判、226頁）本書は実践上のヒントに富んだ、霊性の生活のすばらしい手引書です。この第3巻には、原書の残りの章のうち重要なもののほとんどが収録されています。
永遠の伴侶［改訂版］価格1300円(B6判、332頁)至高の世界に生き続けた霊性の人、スワーミー・ブラフマーナンダジーの伝記、語録と追憶記も含む。
秘められたインド［改訂版］　価格1400円（B6、442頁）哲学者P・ブラントンが真のヨーギーを求めてインドを遍歴し、沈黙の聖者ラーマナ・マハリシに会う。
ウパニシャド[改訂版]価格1500円（B6,276頁）ヒンドゥ教の最も古く重要な聖典です。ヴェーダーンタ哲学はウパニシャドに基づいています。
ナーラダ・バクティ・スートラ　価格800円（B6、184頁）聖者ナーラダによる信仰の道の格言集。著名な出家僧による注釈入り。
ヴィヴェーカーナンダの物語 価格800円（B6判、132頁）スワーミー・ヴィヴェーカーナンダの生涯における注目すべきできごとと彼の言葉。
最高の愛 価格900円（B6判、140頁）スワーミー・ヴィヴェーカーナンダによる信仰（純粋な愛）の道に関する深い洞察と実践の書。
調和の預言者 価格1000円（B6判,180頁）スワーミー・テジャサーナンダ著。スワーミー・ヴィヴェーカーナンダの生涯の他にメッセージ等を含む。
立ち上がれ 目覚めよ 価格500円（文庫版、76頁）ヴィヴェーカーナンダのメッセージをコンパクトにまとめた。
100のQ&A 価格900円(B6判、100頁）人間関係、心の平安、霊的な生活とヒンドゥー教について質疑応答集。スワーミー・メーダサーナンダ著。
永遠の物語 価格1000円(B6判、124頁）（バイリンガル本）心の糧になるさまざまな短篇集。
ラーマクリシュナの福音要約版 上巻　価格1000円（文庫判、304頁）「ラーマクリシュナの福音」の全訳からの主要部分をまとめた要約版上巻。
ラーマクリシュナの福音要約版 下巻　定価1000円（文庫判、400頁）「ラーマクリシュナの福音」の全訳からの主要部分をまとめた要約版下巻。
わが師 1000円(B6判,246頁)スワーミージー講演集。「わが師（スワーミーが彼の師ラーマクリシュナを語る)」、「シカゴ講演集」、「インドの賢者たち」その他を含む。
ヒンドゥイズム 1000円(B6判、266頁)ヒンドゥの信仰と哲学の根本原理を分かりやすく解説した一般教養書。